ACHTSAMKEIT

ACHTSAMKEIT

Verharre nicht in der Vergangenheit
und sorge Dich nicht um die Zukunft
Verweile im Hier und Jetzt mit der
ACHTSAMKEITSMEDITATION

ANNA BLACK

Librero

Für Scott

Originaltitel: *The Little Pocket Book of Mindfulness*

Postbus 72, 5330 AB Kerkdriel, Niederlande
www.librero-ibp.com

Die englische Originalausgabe erschien 2015 bei CICO Books, einem Imprint von Ryland & Peters & Small Limited, 20-21 Jockey's Fields, London WC1R 4BW.

Redaktion der deutschen Ausgabe:
Michael Konze, Köln
Übersetzung: Marion Ahl, Bickenbach

Printed in Slovenia
ISBN: 978-94-6359-439-4

INHALT

EINLEITUNG

Sehr oft agieren wir wie von einem Autopiloten gesteuert: Wir verlassen die Wohnung und wissen nicht mehr, was wir gerade eben gemacht haben. Auf der Straße fragen wir uns, ob wir denn die Wohnungstür auch wirklich abgeschlossen haben … Bis zu einem gewissen Grad müssen wir derart gesteuert handeln, da wir nur so die Dinge in der verfügbaren Zeit erledigen können. Problematisch wird es allerdings dann, wenn wir den größten Teil unseres Lebens auf diese Weise verbringen und die vielen kleinen alltäglichen Erfahrungen, die dem Leben Farbe und Struktur verleihen, nicht mehr zur Kenntnis nehmen. Unsere mangelnde Aufmerksamkeit bedeutet, dass wir Vieles, was um uns herum passiert, nicht bemerken – und das wirkt sich auf unsere Beziehungen aus. **Ständig machen wir mehrere Dinge gleichzeitig,** ohne innezuhalten und zu fragen, was wir da gerade tun – dauernd sind wir im Begriff, schon den nächsten Schritt zu tun. Und wenn wir uns doch einmal diese Fragen stellen, lähmen uns womöglich Gedanken nach dem Muster „Was wäre wenn" oder „Wenn doch nur", Gedanken, die uns davon abhalten, wirklich voranzukommen und mit dem umzugehen, was gerade passiert. Die Negativität, die sich aus solchen Geisteszuständen ergibt, tangiert uns dann noch stärker und **wir können ängstlich oder depressiv werden oder versuchen, die Probleme mithilfe von Drogen und Alkohol zu lösen** – der Kreislauf beginnt von Neuem. Unterbrochen wird er oft nur durch eine große äußere Veränderung im Leben, sei es eine Krankheit, ein Unfall oder das Scheitern einer Beziehung. Solche Ereignisse können uns wachrütteln und unsere Lebensweise infrage stellen. Nur wenn alles auseinander fällt, sind wir bereit (und gezwungen), radikale Veränderungen vorzunehmen.

Durch Zufall entdeckte ich das Konzept der Achtsamkeit – als ich in den Regalen der örtlichen Bibliothek stöberte, stieß ich auf Jon Kabat-Zinns Buch *Full Catastrophe Living* (dt. *Gesund durch Meditation*). Der Untertitel „Wie man mithilfe der Achtsamkeitsmeditation mit Stress, Schmerz und Krankheit umgeht" klang für jemanden, der mit Stress zu kämpfen hatte, vielversprechend. Die Lektüre war ein echtes Aha-Erlebnis; mir wurde klar, wie viel Energie ich aufbrachte, um mein Leben so zu erhalten, wie ich es mir vorgestellt hatte, anstatt es so zu akzeptieren, wie es tatsächlich war. **Die Erkenntnis, dass ich aufhören konnte zu kämpfen und von meinem eigentlichen Standpunkt aus einen Neuanfang angehen konnte, vermittelte mir ein Gefühl der Befreiung,** obwohl ich auch leidvoll feststellen musste, dass zwischen Realität und Erwartungen ein riesiges Loch klaffte.

Zu jener Zeit interessierte ich mich bereits für die Meditation, fühlte mich aber nicht zu traditionellen buddhistischen Techniken hingezogen. Ich kämpfte eher mit den praktischen Dingen. Der Lehrer in meiner Yoga-Klasse faltete sich elegant in die Lotus-Position und wir schwiegen 20 Minuten lang. **Ich schloss die Augen für eine scheinbare Ewigkeit, nur um dann festzustellen, dass sich der Stundenzeiger kaum bewegt hatte.** Ich saß im Schneidersitz da, litt Höllenqualen und hatte keine Ahnung, was ich tun sollte; wie schafften es die anderen nur, so gelassen dazusitzen! Eins führte zum anderen, so wie es eben geschieht, wenn man die Dinge sich in ihrer eigenen Zeit entfalten lässt. Ich stellte fest, dass es nicht nötig war, mich in einer unbequemen Position zu verrenken. Aus zwei Minuten wurden fünf, aus fünf zehn… und so weiter.

Ich machte einen Schritt nach dem anderen (und einige zurück) und begann, **den Pfad der Achtsamkeit zu beschreiten. Dabei richtete ich meine volle Aufmerksamkeit auf die einzelnen Schritte, nicht ohne insgesamt auch wahrzunehmen, in welche Richtung ich mich bewegte.** Jeder Schritt ermutigte mich zum nächsten. Heute habe ich die Achtsamkeit in mein gesamtes Leben integriert. Es ist nicht immer einfach, mit den Auswirkungen zu leben; ich stolpere oft und komme vom Weg ab, aber die Verbinng mit der eigenen inneren Weisheit und Kraft führt mich zu einem Ort des inneren Reichtums. Ich habe festgestellt, dass man immer und immer wieder die gleichen Lektionen lernen muss – und das ist in Ordnung; man kommt nie an, sondern lernt und wächst ständig.

Auf meinem Weg haben mich so viele Lehrer und so viele Lehren so stark beeinflusst, dass ich nun Vieles davon hier im Geiste des Teilens, der die buddhistischen Lehren untermauert, zurückgeben möchte – in der Hoffnung, dass dieses Buch Ihnen einen Vorgeschmack auf **die Möglichkeiten liefert, mit denen die Achtsamkeitsmeditation Ihr Leben bereichern kann,** und Sie ermutigt, das Thema weiter zu erforschen (siehe Seite 204–07). Der Schwerpunkt liegt dabei auf den vielfältigen Wegen, auf denen Sie Achtsamkeit in Ihren Alltag bringen können, und zwar in kleinen Schritten und in einem Tempo, das sich für Sie richtig anfühlt. Sie haben ein Leben vor sich, dessen Hier und Jetzt immer aufs Neue erfüllt sein wird vom Reichtum seiner Möglichkeiten.

Kapitel 1

WAS IST ACHTSAMKEIT?

Bevor Sie die in diesem Buch vorgestellten Meditationen ausprobieren, sollten Sie einen Begriff davon haben, was Achtsamkeit ist und wie sie genutzt wird. Auch wenn ihre Wurzeln über 2500 Jahre alt sind, wird sie erst seit etwa 30 Jahren für therapeutische Zwecke eingesetzt. In diesem Kapitel werde ich auf den **Nutzen der Achtsamkeitspraxis** eingehen und erläutern, wie jeder von uns diese uns innewohnenden Eigenschaften hervorholen und kultivieren kann, und einige **verbreitete Missverständnisse bezüglich des Meditierens** ausräumen.

Dieses Buch ist so angelegt, dass man einen kurzen Blick hineinwerfen und es immer wieder zur Hand nehmen kann; doch bevor Sie mit den Übungen loslegen, empfehle ich, zunächst den Abschnitt „Wie man dieses Buch möglichst effektiv benutzt" zu lesen. Dort finden Sie **wichtige Informationen zur Herangehensweise an die Übungen** und darüber, wie Sie sie möglichst effektiv einsetzen. Es gibt Anleitungen zur Körperhaltung und dazu, wie man eine sichere und entspannte Position voll wachsamer Aufmerksamkeit einnimmt.

In der Achtsamkeitsmeditation entwickeln wir bewusst bestimmte **Einstellungen, die unsere Praxis unterstützen;** in diesem Kapitel werde ich erklären, welche das sind und wie sie uns sowohl im täglichen Leben als auch bei den Übungen selbst von Nutzen sein können.

DEFINITION DER ACHTSAMKEIT

Zunächst einmal ist es hilfreich, eine klare Vorstellung davon zu haben, was Achtsamkeit ist, nämlich **die bewusste Fokussierung der Aufmerksamkeit auf Dinge, die wir normalerweise nicht bemerken würden, und das Gewahrwerden der Erfahrung in dem Augenblick, in dem wir sie machen, ohne zu werten.** Wenn wir Achtsamkeit praktizieren, zollen wir dem, was in unserem Geist und unserem Körper geschieht, Aufmerksamkeit, unseren Gedanken, Gefühlen und physischen Empfindungen, und zwar dann, wenn sie entstehen.

DIE URSPRÜNGE DER ACHTSAMKEIT

Die Ursprünge der Achtsamkeitsmeditation liegen in buddhistischen Praktiken, die über 2500 Jahre alt sind. Prinz Siddharta, der spätere Buddha, widmete sein Leben der Suche nach den Ursachen des Leidens und empfahl Achtsamkeit als einen Weg, Trauer, Sorge, Schmerz und Furcht zu überwinden und glücklich zu werden.

1979 begann Dr. Jon Kabat-Zinn in den USA die **Achtsamkeit** in der Stress Reduction Clinic des Universitätsklinikums von Massachusetts **therapeutisch einzusetzen.** Kabat-Zinn entwickelte das achtwöchige Programm zur Achtsamkeitsbasierten Stressreduktion (MBSR/Mindfulness-Based Stress Reduction), um Menschen dabei zu helfen, mit chronischen Erkrankungen leben zu lernen. Es handelte sich hierbei um Patienten, die als austherapiert galten und z. B. von unheilbaren Krankheiten, chronischen Rückenschmerzen oder HIV betroffen waren. Viele von ihnen litten zusätzlich an Depressionen und Angstzuständen.

Achtsamkeit wird in der Achtsamkeitsbasierten Stressreduktion anhand von formalen Meditationstechniken praktiziert, wie dem Sitzen und dem Body-Scan (Körperwahrnehmung durch geistiges Abtasten des Körpers) sowie der achtsamen Bewegung beim Yoga und bei informellen Übungen, bei denen die Teilnehmer die achtsamkeitsbasierte Meditation in ihr tägliches Leben integrieren. Durch diese Praktiken **entdecken Sie, wie Sie mit ihren Leiden anders umgehen können.** Das Programm fördert die Entwicklung von Eigenschaften wie Geduld, Akzeptanz und Gleichmut, die es den Kursteilnehmern ermöglichen, leichter, geschickter und weiser mit Stress, chronischem Schmerz und Krankheit umzugehen. In der klinischen Forschung wurden bei Teilnehmern des Kurses **positive physische Veränderungen** festgestellt, wozu ein gestärktes Immunsystem, niedrigerer Blutdruck und Veränderungen der Art und Weise, in der das Gehirn mit schwierigen emotionalen Reizen umgeht, gehören. Durch Mundpropaganda und über Medien verbreitete sich, wie nutzbringend das MBSR-Programm ist, und bald wurde es Menschen aller Altersstufen und in allen Lebenssituationen zugänglich gemacht. Heute setzt man MBSR-Programme gern in Schulen, Gefängnissen, in der Welt des Sports und in der Geschäftswelt sowie in der Gesundheitspflege ein.

Im Jahr 2001 entwickelten Mark Williams, John Teasdale und Zindel V. Segal die Achtsamkeitsbasierte Kognitive Therapie (MBCT/

Mindfulness-Based Cognitive Therapy). Auf den Grundlagen der MBSR wurde MBCT speziell für die Behandlung von Depressionen entwickelt, ist jedoch seither auch bei anderen Erkrankungen eingesetzt worden, darunter bei Angstgefühlen, Essstörungen und Suchterkrankungen.

Im Kern sind sich MBSR und MBCT sehr ähnlich. Ein Unterschied besteht darin, dass MBSR üblicherweise gemischten Personengruppen vermittelt wird, die von verschiedenen körperlichen und psychischen Erkrankungen und Beschwerden und/oder allgemeinem Stress betroffen sind, wohingegen MBCT für gewöhnlich solchen Gruppen vermittelt wird, die unter einer bestimmten Krankheit leiden, wobei die Inhalte des Kurses auf die Erkrankung abgestimmt sind. Sowohl bei der MBSR als auch der MBCT liegt der **Schwerpunkt auf der bewussten und wertfreien Wahrnehmung der eigenen Erfahrung zum jeweils gegenwärtigen Zeitpunkt.**

Der therapeutische Nutzen einer achtsamkeitsbasierten Herangehensweise an die Gesundheit betreffende Themen wird im Allgemeinen bei den Teilnehmern an einem der durchstrukturierten achtwöchigen Kurse untersucht, zu denen tägliche formale und informelle Meditationsübungen gehören sowie Unterricht vor der Klasse. Die Übungen in diesem Buch sind vorwiegend informeller Natur und stellen, auch wenn sie kein Ersatz für therapeutische Behandlungen sind, für Anfänger doch einen guten Einstieg in die Achtsamkeitspraxis dar.

Sollten Sie bereits Erfahrung mit der Achtsamkeitsmeditation besitzen, wird Sie dieses Buch hoffentlich dazu ermutigen, sie verstärkt in Ihren Alltag zu integrieren., was ihren Nutzen wesentlich erhöht.

WIE MAN DIESES BUCH MÖGLICHST EFFEKTIV BENUTZT

Wenn Sie sich zum ersten Mal mit dem Thema beschäftigen, empfehle ich Ihnen, mit den sich auf den Körper konzentrierenden Übungen aus dem zweiten Kapitel zu beginnen (Seite 42–77). Anhand dieser Praktiken werden Ihnen **wichtige Grundlagen nahegebracht, etwa die Wahrnehmung der Atmung und wie Sie lernen, die Aufmerksamkeit im Körper umherwandern zu lassen,** Praktiken also, die für Übungen benötigt werden, bei denen wir lernen, „mit dem Schwierigen umzugehen", etwa Schmerz oder Angstgefühle. Am besten geht man **Schritt für Schritt vor, statt ins kalte Wasser zu springen.** In Kapitel 5 werden einige grundlegende Praktiken vorgestellt, die Einstellungen und Fertigkeiten fördern und untermauern, die Ihnen dabei helfen, den größtmöglichen Nutzen aus den Meditationen zu ziehen. Sobald Sie sich einmal daran gewöhnt haben, sich auf Ihren Atem zu konzentrieren, können Sie sich nach Belieben zwischen den unterschiedlichen Abschnitten des Buches hin- und herbewegen.

Eine Schlüsselkomponente der Achtsamkeit ist die **Bereitschaft, sich dem Schwierigen zuzuwenden** – unangenehmen Empfindungen im

Körper, schmerzlichen Gefühlen oder unerwünschten Gedanken. Verstärkt sich unsere Bewusstheit, nehmen wir vieles wahr, was wir zuvor ausgeblendet haben, da es entweder physisch oder psychisch unangenehm oder schmerzlich ist. **Dem Körper Aufmerksamkeit zu schenken, kann vergrabene Gefühle an die Oberfläche befördern.** Die Achtsamkeit kann somit trotz ihres Nutzens auch ziemlich anstrengend sein kann. Wenn Sie sich überfordert fühlen, sollten Sie sofort unterbrechen; dann ist es vielleicht angeraten, auf die Anleitung eines Lehrers zurückzugreifen. Im Zweifelsfall ziehen Sie Ihren Arzt zurate.

Lesen Sie die folgende Anleitung, bevor sie mit einer der Übungen beginnen. Wenn Sie eine bestimmte Übung in Angriff nehmen wollen, empfehle ich, den entsprechenden Abschnitt einige Male durchzulesen, und die Übung erst dann auszuprobieren. **Es gibt nicht nur eine Art und Weise etwas umzusetzen, und die Anleitungen sind lediglich eine Orientierungshilfe.** Je häufiger Sie die Übungen ausführen, umso mehr machen Sie sie sich zu eigen und verwenden Ihre eigenen Worte, Sätze und Rhythmen, die speziell bei Ihnen einen Nachhall haben.

Je häufiger Sie die Übungen ausführen, umso mehr machen

MERKE

* Bei der Achtsamkeit geht es darum, Ihrer Erfahrung bewusste Aufmerksamkeit zu schenken, so, wie sie sich entfaltet – und dabei wahrzunehmen, was physisch wo im Körper vorgeht. Dazu gehört auch, sich der entstehenden Gefühle bewusst zu sein, sowie die Geschichten zur Kenntnis zu nehmen, die wir uns selbst erzählen.
* Der Fokus liegt immer auf dem, was geschieht, nicht darauf, warum es geschieht.
* Wir setzen unsere Sinne ein, das Sehen, Hören, Tasten, Schmecken und Riechen, um unser Erleben zu erkunden.
* Wir erwarten keine bestimmte Erfahrung. Es gibt keine guten oder schlechten Erfahrungen. Wie auch immer Ihre Erfahrung sein mag, es ist Ihre Erfahrung in diesem Augenblick.
* Wenn Sie sich bei einer Übung an irgendeinem Punkt verlieren, bringen Sie Ihre Aufmerksamkeit einfach zu den körperlichen Empfindungen des Atmens zurück.

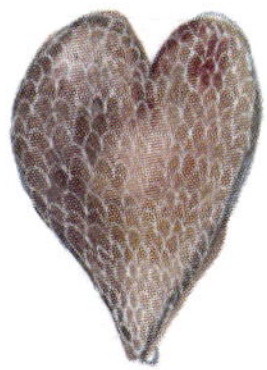

sich zu eigen und verwenden eigene Worte, Sätze und Rhythmen.

FRAGEN, DIE BEIM PRAKTIZIEREN DER ACHTSAMKEIT MÖGLICHERWEISE AUFKOMMEN:

* Welche Körperempfindungen habe ich? Nehmen Sie wahr, welcher Art die Empfindung ist, wo sie auftritt und welches ihre spezifischen Eigenschaften sind – ob sie beispielsweise konstant bleibt oder sich verändert.

* Welche Emotionen habe ich? Wenn Sie eine bestimmte Gemütsbewegung wie Ärger ausmachen, dann fragen Sie sich: Woher weiß ich, dass ich ärgerlich bin? Wo im Körper nehme ich Ärger wahr? Wie fühlt sich Ärger körperlich an? Wie würde ich diese Empfindungen beschreiben?

* Welche Gedanken kommen auf? Welche Geschichten erzähle ich mir selbst über diese Erfahrung?

Viele der Übungen können Sie gut in Ihr Alltagsleben integrieren – beim Schlange stehen, während Sie im Auto sitzen oder im Wartezimmer. **Für andere Übungen braucht man einen ruhigen Ort,** an dem man nicht gestört wird. Ich habe MBSR-Schüler kennengelernt, die sich, um ein paar Minuten ungestört meditieren zu können, am Arbeitsplatz auf die Toilette zurückziehen.

Wo auch immer Sie sich befinden: Ich lege Ihnen nahe, das **Telefon auszuschalten oder den Stecker zu ziehen.** Wenn Sie die Übung zu einer bestimmten Zeit beenden wollen, empfehle ich, dass Sie die Timerfunktion Ihres Telefons auf Vibrationsalarm stellen, oder, wenn Sie einen Wecker verwenden, diesen unter ein Polster oder Kissen zu legen, damit Sie das plötzliche Klingeln nicht allzu sehr erschreckt. Anleitungen zur Körperhaltung finden Sie auf den Seiten 38–41.

Manche finden es hilfreich, ein **Meditationstagebuch** zu führen, um ihre Erfahrungen festzuhalten. Inzwischen gibt es sogar Apps, mit denen man dies tun kann.

Ihre Achtsamkeitspraxis zugunsten eines anderen Punktes auf Ihrer To-do-Liste zu vernachlässigen, ist nicht schwer, daher rate ich Ihnen, **sich für den Anfang auf eine Übung zu konzentrieren.** Am besten führen Sie diese Übung mehrmals pro Woche durch, bevor Sie etwas Neues probieren. Beglückwünschen Sie sich für das, was Sie hinbekommen haben, statt sich dafür zu schelten, was Sie nicht erreicht haben.

WIE KANN ACHTSAMKEIT HELFEN?

Unser Körper besitzt ein Alarmsystem, das „Stressreaktion" genannt wird, und verfügt außerdem über eine entsprechende „Beruhigungsreaktion". Das als Kampf-oder-Flucht-Reaktion bekannte Alarmsystem hat unser entwicklungsgeschichtliches Überleben gesichert, doch heute wird es immer wieder statt von lebensbedrohlichen Situationen allzu häufig von alltäglichem Stress ausgelöst. **Achtsamkeit kann dabei helfen, diese Stressreaktion abzustellen und die Beruhigungsreaktion zu aktivieren.** Wir alle leiden unter Stress, insofern ist es hilfreich zu verstehen, welche Rolle er in unserem Leben spielt. Diese Thematik ist sehr komplex und die folgende Erklärung stark vereinfacht. Bei Stress reagiert unser Körper umgehend. **Die Wirksamkeit unserer Stressreaktion hat unser Überleben gesichert, und infolgedessen gehört extreme Wachsamkeit gleichsam zu unseren Standardeinstellungen.** Die Feinde, denen wir uns heute gegenüber sehen, mögen sich von denen unserer Jäger-und-Sammler-Vorfahren unterscheiden, doch wie wir Gefahr verarbeiten, hat sich nicht verändert. Der Kampf-oder-Flucht-Mechanismus wird gesteuert von der Amygdala, einem der evolutionsbiologisch ältesten Teile unseres Gehirns.

Das Gehirn verarbeitet unentwegt Informationen, die es über unsere Sinne empfängt. Wenn etwas oder jemand als Bedrohung wahrgenommen wird, aktiviert sich umgehend das Alarmsystem des Körpers und bereitet ihn darauf vor, zu kämpfen oder zu fliehen, indem es sämtliche Ressourcen umlenkt, um mit der Notsituation umgehen zu können.

* **Durch die Ausschüttung von Adrenalin zusammen mit anderen Stresshormonen, die das Notfallsystem unseres Körpers aktivieren, wird Energie freigesetzt, was uns dabei hilft, schneller zu rennen oder die Gefahr zu bekämpfen.**
* **Das Herz schlägt drei- bis viermal schneller als gewöhnlich, um die Gliedmaßen mit ausreichend Blut zu versorgen, damit sie beim Kampf oder auf der Flucht optimal funktionieren können.**
* **Parallel dazu werden Körperfunktionen, die nicht akut benötigt werden, wie Wachstum, Verdauungstätigkeit und das Fortpflanzungssystem, heruntergefahren.**
* **Der Körper entledigt sich aller Abfallprodukte, die zusätzliches Gewicht bedeuten, damit er so leicht wie möglich ist, um fliehen zu können – weshalb wir den Drang verspüren, zur Toilette zu gehen, wenn wir gestresst sind.**

Vielleicht merken Sie, wie sich Ihre Haut in stressigen Momenten klamm anfühlt. Das liegt daran, dass die Durchblutung der Körperoberfläche reduziert wird, um Herz und Muskeln besser zu versorgen und im Falle einer Verletzung den Blutverlust zu minimieren. Ein Kribbeln im Bauch signalisiert, dass das Verdauungssystem herunterfährt. Überdies erweitern sich die Pupillen, damit Sie besser sehen können; die Kopfhaut zieht sich zusammen und Ihre Haare scheinen sich zu sträuben, damit Sie Gefahren auch durch die Bewegungen der Luft besser wahrnehmen; Ihr Mund wird trocken, da Körperflüssigkeiten von nicht lebenswichtigen Stellen abgezogen wird.

Zeitgleich sammelt das Gehirn vermittels der Sinne weiterhin Informationen über die Bedrohung, ruft Erinnerungen ab und vergleicht die Gefahr mit vorangegangenen, ähnlichen Erfahrungen, einschließlich derer aus zweiter Hand. Was das Gehirn dabei feststellt, bestimmt, ob es den Alarm deaktiviert oder aufrechterhält. Reagieren wir negativ auf das, was wir erfahren, bestimmt das Gehirn, dass uns gerade etwas Schlechtes widerfährt, und es wird den Körper in Alarmbereitschaft halten. **Daher können unsere Gedanken und Erinnerungen,** auch wenn sie eine wichtige Rolle dabei spielen, uns vor Gefahren zu schützen, ebenso **gegen uns arbeiten** und eine vermeintliche Bedrohung fortbestehen lassen.

Wird der Kampf-oder-Flucht-Mechanismus durch tägliche Belastungen wiederholt und unnötig aktiviert, kann dies ernste Folgen nach sich ziehen, und unsere auf lange Dauer angelegten Körpersysteme können für Krankheiten anfällig werden. Anhaltend erhöhter Blutdruck vergrößert das Risiko, an einem Herzleiden zu erkranken, Stresshormone wirken sich auf die Insulinaktivität aus und erhöhen dadurch das Risiko, an Diabetes zu erkranken; unser Immunsystem kann beeinträchtigt werden, und unsere Gedächtnisleistung sowie die Denkprozesse werden gestört. Das Vorhandensein des Stresshormons Cortisol kann Langzeitschäden hervorrufen und damit Ängste und eine negative Einstellung begünstigen. Außerdem reduziert es die neuronalen Verknüpfungen und hemmt das Wachstum neuer Neuronen – **so verharren wir in alten, angstbehafteten Überzeugungen.** Unsere Stimmung wirkt sich darauf aus, wie wir Geschehnisse auffassen – in trüber Stimmung ist es wahrscheinlicher, dass man ein neutrales Ereignis negativ bewertet. Zu viel Cortisol hat auch zur Folge, dass das Gehirnareal, das für die Produktion neuer Gehirnzellen zuständig ist, verkümmert und abstirbt. **Chronischer Stress stärkt die negativen Netzwerke im Gehirn und schwächt die positiven.** Häufig versuchen wir, diesen unangenehmen Stressreaktionen mit Alkohol und Medikamenten oder durch viel Arbeit etwas entgegenzusetzen – all das macht es aber meist nur noch schlimmer.

Überraschenderweise sind die kleinen alltäglichen Belastungen auf lange Sicht schädlicher als einmalige, enorm stressige Ereignisse. Und je häufiger die Stressreaktion aktiviert wird, desto wahrscheinlicher ist es, dass sie erneut getriggert wird und dem Körper immer weniger Zeit bleibt, sich davon wieder zu erholen. Auf diese Weise sind wir in einem nicht enden wollenden Kreislauf gefangen.

Sobald die Stressreaktion einmal ausgelöst worden ist, **sollten die Stresshormone eigentlich durch Aktion auf natürliche Weise abgebaut werden** – Kampf oder Flucht. Nun ist körperlich zu kämpfen oder davonzulaufen in unserem Alltagsleben eher schlecht möglich, aber jegliche körperliche Betätigung kann zu denselben Ergebnissen führen und den Körper zurück in einen Zustand des Gleichgewichts bringen. Leider können wir nicht immer dann, wenn wir gestresst sind, Sport treiben.

Mit Achtsamkeit lässt sich die Beruhigungsreaktion aktivieren. Wenn wir an dem Punkt intervenieren, an dem das Gehirn weitere Informationen zu der empfundenen Gefahr gewinnt, können wir ihr begegnen, da wir die Situation in ihrem Kontext sehen und klüger einschätzen können. Wir sehen die Gefahr als das, was sie wirklich ist, und bei falschem Alarm wird die Stressreaktion deaktiviert. Dadurch, dass wir **wahrnehmen, was uns gerade widerfährt,** und indem wir den physischen Empfindungen Beachtung schenken, verlagern wir unser Denken von der Gefahr weg und erfahren stattdessen einfach, was gerade passiert. Achtsamkeit **durchbricht den Kreislauf des Grübelns,** der die Amygdala in Alarmbereitschaft verharren lässt.

Achtsamkeit zu praktizieren desensibilisiert die Stresstrigger und gestattet dem Körper, in einen Zustand des Gleichgewichts zurückzukehren. **Auch Menschen, die Achtsamkeit praktizieren, erfahren Stress und empfinden Gefühle sogar stärker, doch es ist unwahrscheinlicher, dass sie sich von ihnen überwältigen lassen.**

Wie stressig ein Ereignis für uns ist, hängt davon ab, wie wir es wahrnehmen. Wenn wir die Art und Weise verändern, wie wir ein Ereignis wahrnehmen, können wir verändern, wie wir darauf ansprechen. **Achtsamkeit kann so die unserem Körper innewohnende Beruhigungsreaktion aktivieren.** Sie kann uns auch in anderer Hinsicht helfen.

Untersuchungen an Teilnehmern eines achtwöchigen MBSR-Kurses haben gezeigt, dass sich im Körper physische Veränderungen einstellen; der Blutdruck kann gesenkt, das Immunsystem gestärkt und sogar die Art und Weise verändert werden, in der das Gehirn Informationen verarbeitet. In einer von Richard Davidson geleiteten Studie wurde festgestellt, dass die Teilnehmer eines MBSR-Kurses nach dem Kurs eine merkliche Aktivierung jener Hirnbereiche aufwiesen, die den Umgang mit schwierigen Emotionen steuern. Bislang war man davon ausgegangen, dass diese Steuerung mehr oder weniger unveränderlich ist, aber

Davidsons Forschungen ergaben, dass wir **die Funktionsweise unseres Gehirns tatsächlich zum Besseren hin beeinflussen und verändern können.**

Es gibt selbstverständlich auch einen psychologischen Nutzen. Die meisten von uns verbringen einen Großteil ihrer Zeit im Kopf, nicht im Körper. Wir schlagen uns problemlösend durchs Leben, und obwohl das im Büro oder beim Führen eines Haushalts effektiv sein kann, können wir mit unseren Emotionen nicht auf die gleiche Art verfahren. Versuchen wir es dennoch, setzt sich ein Gedankenkarussell in Gang, das Ereignisse in unserem Geist wieder und wieder auf eine Weise abspielt, die nicht hilfreich ist und uns in eine Spirale von Angst und Depression führen kann.

Gleichzeitig sind wir uns dessen, was im Körper geschieht, häufig nicht bewusst. Entweder interessiert es uns nicht oder wir verdrängen unangenehme Empfindungen und Gefühle willentlich. Manchmal ist es eine gute Bewältigungsstrategie, physischen oder emotionalen Schmerz zu betäuben, doch wir setzen sie oft noch ein, nachdem die Gefahr vorüber ist. Unser Körper kann uns zu dem, was wir emotional und körperlich empfinden, ein Feedback geben. **Wenn wir uns mehr auf unseren Körper einstellen, werden wir besser darüber unterrichtet, wie ein bestimmtes Ereignis oder eine bestimmte Situation uns beeinflusst.**

Beim Praktizieren von Achtsamkeit richten wir unser Augenmerk bewusst auf unsere Gedanken, Gefühle und Empfindungen, und zwar in dem Augenblick, in dem sie entstehen. Wir beginnen, unsere gewohnheitsmäßigen Denk- oder Verhaltensmuster zu erkennen. Oft erkennen wir auch, wie unachtsam wir sind und wie ein großer Teil unseres Lebens unbeachtet an uns vorüberzieht, da wir darin gefangen sind, Vergangenes im Geiste noch einmal zu erleben oder auf eine bessere

Zukunft zu warten. Doch wie Jon Kabat-Zinn sagt: „Der gegenwärtige Augenblick, das Jetzt, ist der einzige Augenblick, in dem wir wirklich leben" und in dem somit **Veränderungen möglich sind.** Kluge Veränderungen können wir nur dann erwirken, wenn wir uns dessen, was wir erfahren, bewusst sind. Der durch Achtsamkeit geförderte Augenblick der Bewusstheit bietet uns Gelegenheit, in anderer Weise zu reagieren. Er schafft einen Raum, der ausreichen kann, uns dazu zu bringen, gewohnheitsmäßige Reaktionen zu überdenken. Diese kleine Verlagerung kann bewirken, dass wir uns in eine andere Richtung wenden und höchstwahrscheinlich klüger reagieren.

Es gibt unzählige Belege für den klinischen Nutzen von MBSR und MBCT, doch auch unabhängig davon, ob wir unter physischen oder emotionalen Schmerzen leiden, können wir alle davon profitieren. Leiden gehört zum Leben. Wir alle werden irgendwann einmal mit Trauer, Verlust und Tod konfrontiert werden, und viele von uns werden Krankheit oder andere traumatische Lebensereignisse erfahren. Selbst glückliche Ereignisse wie eine Hochzeit oder die Geburt eines Kindes können belastend sein. **Doch viel von dem täglichen Stress, den wir erfahren, und der sich negativ auf unsere Gesundheit, unser Wohlbefinden und unsere persönlichen Beziehungen auswirkt, rührt von wiederkehrenden kleinen Begebenheiten her:** den Zug verpassen, eine Verabredung verschwitzen und so weiter.

Wenn wir beginnen, die einzelnen Augenblicke zu beachten, aus denen jeder Tag besteht, können wir anders mit den Dingen umgehen, und Augenblick für Augenblick, Schritt für Schritt können wir unser Leben zum Besseren wenden. Wenn wir der Augenblicke des Lebens gewahr werden, erfahren wir, was Kabat-Zinn die „ganze Katastrophe" des Lebens nennt: das Freudvolle, das Schwierige, das Schmerzliche, das Langweilige. **Wir beginnen wahrzunehmen, dass das Leben sich in einem konstanten Fluss befindet und stets die Möglichkeit der Veränderung birgt.** Wir begreifen, dass alle menschlichen Wesen leiden. Die Anderen sind nicht stets glücklich und leben das idyllische Leben, wie es uns die Medien vorgaukeln.

Führen wir formale Meditationsübungen wie eine Sitzmeditation durch, werden all die schwierigen Emotionen, die wir im Alltag erfahren – Langeweile, Rastlosigkeit, Ungeduld, Gereiztheit, Angst und Ärger – ebenso wie die positiven Emotionen irgendwann einmal zum Vorschein kommen. **Die formalen Übungen bieten Gelegenheit, in einer relativ sicheren Umgebung zu lernen,** mit schwierigen Emotionen umzugehen – was effektiver sein kann, als sie im Alltag zu erfahren.

Während wir uns unserer Gedanken bewusst werden, wird uns allmählich klar, **wie viel unseres eigenen Unglücklichseins von den Geschichten verursacht wurde, die wir uns selbst erzählen.** Nehmen wir beispielsweise einmal an, Sie stoßen sich

den Zeh an einer Tasche auf dem Boden, die Ihr Partner dort hat stehen lassen. Sie erfahren den physischen Schmerz am Zeh. Dies ist der erste Pfeil. Dann werden Sie darüber schimpfen, dass die Tasche auf dem Boden stehen gelassen wurde. Ehe Sie sich versehen, beschuldigen Sie Ihren Partner, Sie nicht zu respektieren, oder sie beginnen damit, sich selbst dafür zu schelten, keine bessere Stelle zu haben, sich kein größeres Haus leisten zu können und so weiter. Vielleicht fragen Sie sich auch, ob der Zeh gebrochen ist und was die Folgen sein werden. Diese Geschichten sind der zweite Pfeil. Bezüglich des ersten können wir nichts tun, da es sich dabei um physischen Schmerz handelt. Gegen den zweiten Pfeil können wir jedoch etwas tun: **Wir können uns der Geschichten bewusst werden und sie loslassen.**

Loslassen zu lernen, ist nicht leicht. Wenn wir üben, unseren Atem zu beobachten (oder uns auf irgendetwas anderes fokussieren, wie ein Geräusch oder eine Empfindung), lenken wir unsere Aufmerksamkeit jedesmal, wenn der Geist abschweift, sanft zurück zu unserem Atem. Wir üben, den Gedanken loszulassen.

MERKE

Üben impliziert Wiederholung, kostet Zeit und erfordert Mühe. Achtsamkeit ist keine schnelle Lösung. Um tiefgreifende Veränderung zu erfahren, müssen Sie die **Achtsamkeitspraxis zu einem festen Bestandteil Ihres Lebens werden lassen.** Das mag vielleicht abschreckend klingen, aber bringen Sie sich in Erinnerung, dass alle Veränderungen durch kleine Schritte erfolgen. In derselben Weise, in der Stress durch kleine Ereignisse entsteht, die wir als belastend empfinden, können wir auch **die negativen Auswirkungen mit kleinen Handlungen wieder rückgängig machen.**

WER KANN ACHTSAMKEIT PRAKTIZIEREN?

Achtsamkeit ist ein Wesenszug, der, auch wenn er bei manchen Menschen ausgeprägter vorhanden ist als bei anderen, uns letztlich allen von Natur aus innewohnt und gestärkt und zutage gefördert werden kann. Achtsamkeit kann jedem zugutekommen, doch vor allem nutzt sie den nachfolgend aufgeführten Personengruppen:

* Menschen, die jemanden pflegen oder beruflich im Pflegebereich tätig sind. Wenn man andere betreut, kann es schwer sein, noch Zeit für sich selbst zu finden. Unsere hauptsächliche Verantwortung sollte jedoch uns selbst gelten – denn nur so werden wir uns gut um andere kümmern können.
* Menschen, die wiederholt mit depressiven Phasen zu tun haben. Vielleicht kann Achtsamkeit nicht verhindern, dass man einen Rückfall erleidet, doch sie kann dabei helfen, die Warnsignale der Depression schneller zu erkennen.
* Menschen, die unter Angstgefühlen leiden. Wir sind ängstlich, wenn wir in der Vergangenheit verhaftet sind oder uns um die Zukunft sorgen. Phrasen wie „was wäre, wenn“ und „wenn doch nur“ führen

dazu, dass wir uns verkrampfen. Da der Schwerpunkt der Achtsamkeit auf dem gegenwärtigen Augenblick liegt, kann man die Abwärtsspirale stoppen, und die Konzentration auf Empfindungen kann helfen, sich von negativen Denkweisen zu befreien.

* Menschen, die unter einer chronischen Krankheit leiden. Achtsamkeit kann uns helfen, mit der Krankheit leben zu lernen, statt sich von ihr bestimmen zu lassen. Indem wir die Veränderungen in Körper und Geist wahrnehmen, die von Augenblick zu Augenblick geschehen, werden wir in die Lage versetzt, Zeiten der Krankheit besser zu nutzen und außerdem zu erkennen, wann wir uns erholen sollten.

* Menschen, die unter chronischem oder zeitweise auftretendem Schmerz leiden. Wir verstärken unser Leiden durch die Geschichten, die wir uns selbst über den Schmerz erzählen, und verkrampfen den Körper, um den Schmerz auszuhalten und uns gegen ihn zu wehren, was zu zusätzlichem Stress und Anspannung an anderen Stellen führt. Achtsamkeit kann uns dabei helfen, ganz nah an den Schmerz heranzugehen, damit wir mit seinen Besonderheiten vertraut werden und uns weniger darin verfangen. Der Schmerz ist präsent, aber wir sind viel mehr als nur Schmerz.

* Menschen, die gestresst sind oder sich überfordert fühlen. Achtsamkeit kann helfen, die Stressreaktion zu deaktivieren (siehe Seite 20).

* Menschen, die eine Phase der Veränderung in ihrem Leben durchmachen. Häufig nehmen Menschen an dem Kurs teil, wenn sich in ihrem Leben etwas verändert hat, wenn der scheinbar feste Boden ihres Alltags in Bewegung geraten ist.

* Menschen, die erkennen, dass sie Dinge in ihrem Leben verändern möchten, selbst wenn sie sich nicht darüber im Klaren sind, welche.

Beim Praktizieren der Achtsamkeit geht es darum, unser Leben wieder ins Gleichgewicht zu bringen. Menschen, die sehr laut und gesellig sind, können lernen, ihre Reaktionen zu mäßigen und anderen zuzuhören. Wer scheu und verunsichert ist, kann lernen, sich Gehör zu verschaffen. Jemand anderem hilft die Achtsamkeit vielleicht beim Abnehmen, da er oder sie beginnt, den automatischen Impuls wahrzunehmen, etwas zu essen, wenn er oder sie sich niedergeschlagen fühlt. Bei mir hatte sie den Nebeneffekt, dass ich anfing, meinen Abfall zu recyceln – zuvor dachte ich, dass dies wenig bringt, da mein kleiner Beitrag global gesehen doch sicher nicht ins Gewicht fiele. **Wenn wir Achtsamkeit praktizieren, erkennen wir, dass noch die kleinsten Dinge sehr wohl einen Unterschied machen.** Wir können das, was als Nächstes geschieht, beeinflussen, indem wir bewusst entscheiden, wie wir im gegenwärtigen Augenblick reagieren möchten. Dies wirkt sich auf alle Bereiche des Lebens aus, vom Zwischenmenschlichen bis hin zur globalen Ebene.

Anfänger glauben häufig, ihr Geist sei zum Meditieren zu unruhig. Eine verbreitete buddhistische Analogie spricht vom „monkey mind" , dem „Affengeist", dessen Gedanken von Thema zu Thema springen wie Affen von Baum zu Baum. **Wir alle können meditieren lernen,** wenn wir es nur wollen. Die Vielfalt von Meditationsmethoden lässt uns Raum zum Experimentieren. Manche finden beispielsweise achtsames Bewegen hilfreich, wenn ihr Geist besonders unruhig ist.

Es gibt viele verschiedene Formen von Meditationsübungen. Einige konzentrieren sich ausschließlich darauf, Aufmerksamkeit zu entwickeln, bei anderen dienen Requisiten wie Kerzen oder Musik als etwas, auf das man sich fokussieren kann. Meditationsmethoden wie Tai-Chi, Qigong und Yoga, beziehen Bewegung ein.

Achtsamkeit ist Bestandteil vieler buddhistischer Traditionen. **Die verschiedenen Traditionen und Methoden stellen häufig bloß unterschiedliche Zugänge ins selbe Zimmer dar, also experimentieren Sie und finden Sie heraus, was Ihnen zusagt.**

Man kann Achtsamkeitsmeditationen in jedem Alter praktizieren. Kleine Kinder sind von Natur aus ohnehin achtsamer als Erwachsene, da sie sehr im gegenwärtigen Augenblick leben, doch die Autorin und Erzieherin Susan Kaiser Greenland vermittelt bereits Kindern im Alter von vier Jahren Formen der Achtsamkeit. Vor allem für Teenager kann es hilfreich sein, Achtsamkeit zu praktizieren. Wie dem auch sei: eine Wahl zu haben, ist ein fester Bestandteil der Achtsamkeitspraxis, und es ist kontraproduktiv zu versuchen, jemanden zur Achtsamkeit hinzulenken oder dazu zu zwingen. Es ist nie zu spät, mit dem Ausüben von Achtsamkeit zu beginnen.

> *„Führen Sie sich vor Augen, dass Ihr Geist stets umherschweifen wird. Es beruhigt mich, Meditationslehrer mit über vierzigjähriger Praxis von ihrem abschweifenden Geist reden zu hören. Der Geist tut dies nun mal. Wenn er umherwandert, nehmen wir zur Kenntnis, wohin er abgedriftet ist, und bringen unsere Aufmerksamkeit dann sanft und liebevoll zurück zum Konzentrationspunkt … Wir tun dies einmal, zweimal, zehntausendmal – genau darin besteht die Übung. Jedes Mal, wenn unser Geist umherschweift, haben wir Gelegenheit zu üben, ihn gehen zu lassen und zurückzuholen. Jon Kabat-Zinn vergleicht dies damit, im Fitnesscenter Sport zu machen, nur dass wir hier den Muskel der Bewusstheit trainieren."*

VERBREITETE MISSVERSTÄNDNISSE

Wenn es um Meditation geht, haben viele Menschen Vorbehalte. Vielleicht haben sie auch am Rande schon einmal von unterschiedlichen Techniken gehört. Insofern ist es hilfreich, mit ein paar verbreiteten Missverständnissen aufzuräumen.

Wenn wir meditieren, versuchen wir nicht, unseren Geist zu leeren oder abzuschalten, sondern **beobachten unsere Gedanken und nehmen gängige Muster oder Geschichten wahr.** Für gewöhnlich sind wir uns der Geschichten, die all unsere Handlungen und Entscheidungen beeinflussen und antreiben, nicht bewusst. **Indem wir sie in unser Bewusstsein bringen, sind wir besser in der Lage, diejenigen zu verwerfen, die uns nicht nützen, und solche zu befördern, die hilfreich sind.**

Um zu meditieren, müssen wir keinen Lotussitz einnehmen. **Nicht die Position ist wichtig, sondern die Geisteshaltung, die wir mitbringen.** Wenn Sie mit einem körperlichen Leiden zu tun haben, aufgrund dessen es schwierig für Sie ist, eine Übung zum Beispiel auf dem Boden liegend, durchzuführen, ist es völlig in Ordnung, sie so abzuändern und anzupassen, dass sie zu Ihrem Befinden in diesem Augenblick passt. Mehr Empfehlungen diesbezüglich finden Sie auf den Seiten 38–41.

Das Meditieren steht in keinem Widerspruch zu irgendeiner Religion oder einem Glauben. In vielen Religionen werden Formen der Meditation praktiziert. Die in diesem Buch beschriebenen Methoden sind säkular, auch wenn viele davon auf buddhistischen Praktiken beruhen.

Wir meditieren nicht, um zu entspannen oder irgendeinen Bewusstseinszustand zu erreichen. Es kann sein, dass wir infolge der Meditation entspannter sind, doch wenn wir uns vornehmen, durch das Meditieren entspannter zu werden, laufen wir Gefahr, dass es nicht gelingt und wir enttäuscht sind. Wenn wir meditieren, öffnen wir uns allem, das da aufkommen mag. Alle Gemütsverfassungen und Emotionen werden sich irgendwann zeigen, was uns Gelegenheit bietet, uns in sicherer Umgebung mit schwierigen Emotionen auseinanderzusetzen. **Auf diese Weise können wir Fähigkeiten ausbilden, die wir dann, wenn im Alltag schwierige Emotionen entstehen, in die Praxis übertragen können.**

Achtsamkeit ist nicht mit positivem Denken gleichzusetzen. **Vielmehr geht es darum, sich allen Erfahrungen zu öffnen.** Wir müssen sowohl das Dunkel als auch das Licht sowie alle Schattierungen annehmen und erfahren. So werden wir erkennen, wie die Gegebenheiten sich verändern, die Gemütszustände aufsteigen und wieder abebben. **Es besteht immer die Möglichkeit zur Veränderung, sei sie auch noch so klein.**

Achtsamkeit ist definitiv kein Wundermittel. **Achtsamkeitsmeditation erfordert Einsatz und die Bereitschaft, sich allem, was aufkommt, auszusetzen.**

Wenn wir davon reden, im „Hier und Jetzt" zu leben, heißt das nicht, zu leben, ohne einen Gedanken an die Zukunft zu verschwenden. **Im Augenblick zu leben, heißt einfach, unserer Erfahrung in dem Moment, in dem wir sie machen, Aufmerksamkeit zu widmen.** Indem wir erkennen und anerkennen was im Augenblick geschieht, können wir uns besser darum kümmern und beeinflussen, was als Nächstes geschieht.

HILFREICHE EINSTELLUNGEN

Meditation ist ein aktiver Prozess, und wenn Sie Veränderungen in Ihrem Leben bewirken wollen, müssen Sie sich bewusst mit ihr beschäftigen. Niemand kann Ihnen das abnehmen, und es ist wichtig, wie Sie ans Meditieren herangehen. Jon Kabat-Zinn betont in *Full Catastrophe Living* (deutsch: *Gesund durch Meditation: das große Buch der Selbstheilung mit MBSR*) die Bedeutsamkeit bestimmter Einstellungen, die dabei helfen, die Basis, auf die sich unsere Achtsamkeitspraxis stützt, herauszubilden.

FÜR DIE ÜBUNGEN IN DIESEM BUCH SOLLTE MAN SICH DIE FOLGENDEN EINSTELLUNGEN VERGEGENWÄRTIGEN:

NEUGIER Zum dem Vergnügen, Zeit mit einem Kind zu verbringen, gehört es, die Welt mit seinen Augen zu sehen. Allzu häufig sehen wir unsere Welt durch den eingetrübten Filter der Erfahrung. Wenn wir unserem Erleben mit der Neugier eines Kindes Beachtung schenken und es so betrachten, als sei es das allererste Mal, nehmen allerlei Möglichkeiten Gestalt an.

NICHT NACH ETWAS STREBEN Eines der Paradoxa des Meditierens ist die fast zwangsläufige Enttäuschung, wenn wir es mit einer bestimmten Erwartungshaltung tun. Sobald wir uns ein Ziel setzen, tendieren wir dazu, ständig zu überprüfen, wie weit wir noch davon entfernt sind. Hilfreicher ist es, sich zu vergegenwärtigen, dass man am leichtesten von A nach B gelangt, indem man sich darauf fokussiert, bei A zu sein.

VERTRAUEN Es ist wichtig zu lernen, dem Prozess zu vertrauen und ihn sich entwickeln zu lassen. Wenn Sie sich auf Ihren Körper einstimmen und seinem Feedback, Beachtung schenken, werden Sie Zugang zu Ihrer inneren Weisheit erlangen. **Vertrauen Sie sich und Ihrer Intuition.**

GEDULD Achtsamkeit ist keine schnelle Lösung. Es kann sein, dass es eine Weile dauert, bis Sie eine Veränderung spüren, und es braucht Zeit, Gewohnheiten abzulegen, die sich im Laufe eines ganzen Lebens entwickelt haben. Es besteht keine Eile.

NICHT WERTEN Wenn wir unseren Gedanken Aufmerksamkeit schenken, stellen wir oft als Erstes fest, wie sehr wir dazu neigen, andere und uns zu bewerten; und häufig legen wir uns selbst gegenüber ein gewisses Maß an Gemeinheit und sogar Hass an den Tag, das weit darüber hinausgeht, wie wir andere Menschen behandeln. Es hilft jedoch nicht, unseren wertenden Verstand dafür zu kritisieren; wir sollten den Sachverhalt vielmehr mitfühlend zur Kenntnis nehmen, und zurück zum Konzentrationspunkt kommen. Güte zu praktizieren ist genauso wichtig wie Achtsamkeit – Achtsamkeit ohne Güte ist keine Achtsamkeit.

ANNEHMEN Hierbei geht es nicht um passives Sich-Ergeben, sondern darum, **die Dinge zu sehen, wie sie wirklich sind, und nicht, wie wir sie gern hätten.**

LOSLASSEN Sich von dem Verlangen zu lösen, Dinge so zu verändern, wie wir sie gern hätten. **Den Dingen ihr Sosein zuzugestehen, ist eine Form des Annehmens.**

Achtsamkeit kann unser Erleben reicher und lebendiger machen, doch eine verstärkte Selbstwahrnehmung kann auch dazu führen, dass wir die Schwierigkeiten in unserem Leben verstärkt wahrnehmen. Es kann dem Ganzen auch zuträglich sein, wenn wir uns davon freimachen, die Übung genießen zu müssen. Sehen Sie Ihre Übung als ein Experiment und sich selbst als die Versuchsperson. Gehen Sie mit Neugier an die Übung heran: Was nehmen Sie wahr, wenn Sie dies oder jenes tun? **Ihre Übung ist eher ein Prozess des Erkundens, denn einer des Beurteilens.**

KÖRPERHALTUNG

Beim Ausführen einer Sitzmeditation können Sie entweder auf einem Stuhl oder auf dem Boden sitzen. Vielleicht verspüren Sie beim Sitzen ein Kribbeln oder fühlen sich leicht unbehaglich. Dies bietet Ihnen die **Gelegenheit, zu trainieren, mit unangenehmen Empfindungen umzugehen,** aber Sie sollten keine Schmerzen beim Sitzen haben. Probieren Sie unterschiedliche Positionen und Hilfsmittel aus. Sie können eine „Sitz"-Übung sogar durchführen, wenn Sie flach auf dem Rücken liegen, wenn sich das besser für Sie anfühlt. Das Wichtigste beim Meditieren ist, **auf seinen Körper zu hören, und die vorgeschlagene Haltung bei Bedarf anzupassen.** Die Einstellung, die Sie zu der Sitzübung haben, ist wichtiger als die Körperhaltung.

AUF EINEM STUHL SITZEN

Setzen Sie sich aufrecht auf einen Stuhl, beugen Sie sich dann vornüber und berühren Sie Ihre Zehen (oder reichen Sie so weit nach unten, wie möglich), rutschen Sie mit dem Gesäß auf der Sitzfläche ganz nach hinten und richten Sie sich dann auf. Jetzt sitzen Sie in einer aufrechten und stabilen Position. **Wenn Sie es für nötig halten, können Sie sich ein kleines Kissen ins Kreuz schieben; Sie sollten jedoch vermeiden, sich in den Sitz sinken zu lassen.** Beide Füße sollten fest auf dem Boden stehen – Sie können die Füße zum Abstützen auch auf ein Kissen stellen. Erhöht man die hinteren Stuhlbeine mit kleinen Holzklötzchen oder einem Buch um etwa 2,5 cm, hilft dies dabei, das Becken in richtiger Weise zu kippen.

AUF DEM BODEN SITZEN

Sie können sich wahlweise mit gekreuzten Beinen auf den Boden setzen oder knien. **Ihre Hüfte sollte in jedem Fall stets über Ihren Knien sein;** insofern sitzen Sie vielleicht am besten auf ein paar Polstern oder dicken Büchern, um dies zu erreichen. Falls Ihre Knie im Schneidersitz den Boden nicht berühren, können Sie sie mit Polstern, gefalteten Decken oder Kissen unterstützen. Wenn Sie lieber knien, empfiehlt es sich, sich auf die Fersen zu setzen und das Gesäß mit einem Polster oder Meditationsbänkchen zu unterstützen. **Probieren Sie herum, da die Höhe Ihrer Stütze einen großen Unterschied**

machen kann. Wenn Sie die richtige Höhe und Position gefunden haben, werden Sie sich wohl und ausgeglichen fühlen.

Ob Sie nun auf einem Stuh oder auf dem Boden sitzen – **die unteren Gliedmaßen sollten aufsitzen und gestützt sein.** Der Oberkörper sollte sich aus der Taille erheben – es kann helfen, sich einen Faden vorzustellen, der vom Ansatz der Wirbelsäule den Rücken hinauf bis zum Hals und durch den Hinterkopf verläuft. Zöge man an diesem Faden, würde sich Ihr Rumpf sanft aus der Taille heraus erheben. Es geht darum, **eine Position zu finden, in der man wachsam und aufrecht und doch entspannt ist.**

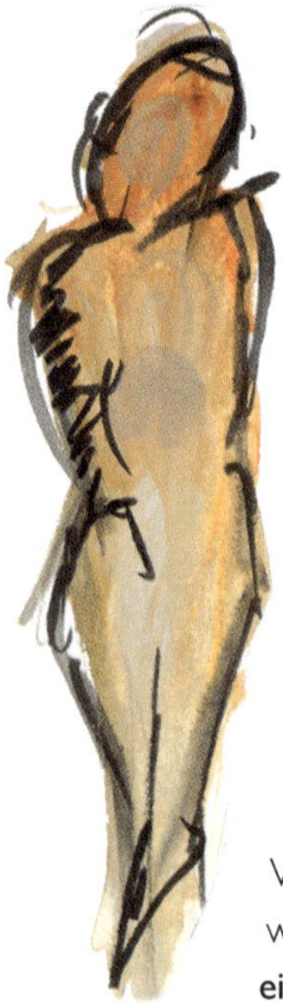

Ihre Hände sollten entspannt aufliegen. Sie können sie in Ihrem Schoß leicht ineinander verschränken oder mit nach unten oder nach oben gerichteten Handinnenflächen auf die Knie legen. Ihre Augen können geöffnet oder geschlossen sein; sind sie offen, schauen Sie am besten erst geradeaus und dann leicht nach unten, mit einem sanften, ins Leere gerichteten Blick. Die Augen zu schließen, kann helfen, noch tiefer in die Übung einzutauchen, doch am besten probieren Sie es aus und erkunden die Unterschiede für sich selbst.

STEHEN

Viele der informellen Übungen aus diesem Buch können Sie ausführen, wenn Sie unterwegs sind. **Es ist nicht notwendig, eine Meditationshaltung einzunehmen,** doch es kann hilfreich sein, sich in eine im Gleichgewicht befindliche Position zu bringen. Sie können sich etwa an der Bushaltestelle so hinstellen, dass sich Ihr Gewicht gleichmäßig auf beide Füße verteilt.

SICH BEWUSST WERDEN

Unsere Gemütslage spiegelt sich oft in unserer Körperhaltung; ist Ihr Körper in sich zusammengesackt, ist in der Regel auch Ihr Geist eingeengt und angespannt. Richten Sie Ihr Augenmerk auf Ihre Sitzposition. Wie geht es Ihnen gefühlsmäßig? Probieren Sie mit dem Anpassen Ihrer Position herum und achten Sie auf Veränderungen.

HAUSHALTSGEGENSTÄNDE ZUR UNTERSTÜTZUNG:

Wenn Sie auf dem Boden sitzen, verwenden Sie ein festes Polster oder Kissen, um damit wahlweise Ihr Gesäß zu erhöhen oder Ihre Knie zu stützen. Es kann sein, dass Sie mehrere brauchen, um eine ausreichende Höhe zu erzielen. Wenn Sie regelmäßig auf dem Boden sitzen, sollten Sie erwägen, sich ein Meditationskissen (ein Zafu) oder eine Meditationsbank zuzulegen.

Stapeln Sie ein paar Bücher übereinander, wenn Ihnen das Meditationsbänkchen oder das Sitzen auf dem Boden zu niedrig ist oder um Ihre Füße abzustützen, falls Sie auf einem Stuhl sitzen. Wenn Sie auf dem Boden liegen, sind eine Yogamatte oder eine Decke nützlich. Die Körpertemperatur kann merklich sinken, wenn man sich nicht bewegt; insofern ist es hilfreich, eine Decke griffbereit zu haben, falls einem kalt wird.

Kapitel 2

MIT DEM KÖRPER IN EINKLANG

Die meisten von uns verbringen mehr Zeit im Kopf als im Körper. Leider können wir **emotionale Verstimmungen nicht einfach wegdenken, und es zu versuchen, kann sogar dazu führen, dass wir uns noch schlechter fühlen.** Die folgenden Übungen werden helfen, das Gleichgewicht wiederherzustellen. Wenn wir uns regelmäßig auf unseren Körper einstimmen, können wir wertvolles Feedback bezüglich unseres Wohlbefindens erhalten. Mit diesen Übungen lernen wir, den Atem in verschiedene Körperregionen zu lenken. **Durch die Betonung des Atems können Sie selbigen als Ankerpunkt verwenden.** Immer dann, wenn Ihr Geist abschweift (was er tun wird), können Sie den Atem nutzen, um in Ihren Körper und den gegenwärtigen Augenblick zurückzufinden.

Es kann heftige Gefühle freisetzen, sich gezielt mit etwas zu befassen, dem wir ansonsten eher aus dem Weg gehen; sollten Sie sich also bei den Übungen irgendwann emotional überfordert fühlen, brechen Sie sie bitte ab. Sie können die Übung ein andermal fortführen. **Wir lernen, unserer eigenen inneren Weisheit zu vertrauen und auf den Körper zu hören.** Wenn Ihnen eine Anweisung unpassend vorkommt, sollten Sie ihr daher nicht folgen. Es ist nicht leicht, still dazusitzen, wenn man sich unbehaglich fühlt, etwa aufgrund eines Juckreizes; keinesfalls sollten Sie Schmerzen auszuhalten versuchen – falls nötig, verändern Sie Ihre Position. **Befolgen Sie zudem stets alle medizinischen Ratschläge, die man Ihnen gegeben hat.**

DIE ACHTSAMKEIT DES ATMENS

Wenn Meditation neu für Sie ist, fangen Sie am besten damit an, sich auf den Atem zu konzentrieren. Die Anweisung lautet einfach: Achten Sie auf Ihren Atem.

Stellen Sie sich zu beliebigen Zeiten auf Ihren Atem ein, immer, wenn Sie gerade daran denken (niemand wird mitbekommen, dass Sie das tun). Wenn Sie lieber etwas formaler üben möchten, reservieren Sie sich fünf Minuten, in denen Sie irgendwo ruhig sitzen und auf Ihren Atem achten können. Verlängern Sie die Dauer sukzessive, doch denken Sie daran, dass **die Qualität der Aufmerksamkeit wichtiger ist, als die Zeit, die Sie auf die Übung verwenden.** Auf den Seiten 146–51 finden Sie weitere Meditationsübungen, deren Schwerpunkt auf dem Atem liegt.

Die Qualität der Aufmerksamkeit ist wichtiger, als die Dauer der Übung.

Probieren Sie Folgendes:

Konzentrieren Sie sich auf eine Körperregion, an der Sie den Atem am stärksten spüren – beispielsweise den Bauch, den Brustkorb, die Nasenlöcher oder die Lippen. Lenken Sie Ihre Aufmerksamkeit jedes Mal auf diese Stelle, wenn Sie eine Atemübung machen. Falls es Ihnen schwerfällt, eine solche Stelle zu bestimmen, legen Sie eine Hand auf Ihren Bauch oder Brustkorb.

Nehmen Sie einfach die Empfindungen des Atmens wahr. Das ist etwas anderes, als nur an den Atem zu denken. Sie spüren, wie sich bei jedem Einatmen der Brustkorb dehnt und der Oberkörper hebt … und nehmen wahr, wie sich beim Ausatmen der Brustkorb zusammenzieht und der Oberkörper sich wieder senkt.

MERKE

Wir konzentrieren uns für die Dauer eines jeden Einatmens und Ausatmens auf den Atem. Jedes Mal, wenn unser Geist abschweift, geleiten wir ihn sanft zum Atem zurück und fahren fort.

DEN KÖRPER MIT DEM ATEM REINIGEN

Diese einfache Übung ist eine Form des Body-Scans. Am leichtesten ist es, sie im Liegen durchzuführen, Sie können aber auch sitzen oder sich anlehnen. Sie lernen, sich auf Ihren Atem zu konzentrieren und ihn dabei durch den Körper zu steuern, und wie Sie bewusst zu einer erweiterten Wahrnehmung Ihres Körpers gelangen.

Probieren Sie Folgendes:

Richten Sie Ihre Aufmerksamkeit auf Ihren Atem, und konzentrieren Sie sich auf den Teil Ihres Körpers, an dem Sie ihn am stärksten wahrnehmen – vielleicht den Bauch, den Brustkorb oder die Lippen und Nasenlöcher … und verweilen Sie bei Ihrer Wahrnehmung des Atems … atmen Sie ein … und aus … und überlassen Sie dem Atem sich selbst … lassen Sie jedes Bedürfnis los, ihn zu steuern oder in irgendeiner Form zu beeinflussen … einatmen … und ausatmen … getragen und gestützt von der Fläche, auf der Sie liegen … mit dem Atem ruhen … einatmen … und ausatmen …

Wenn Sie die Aufmerksamkeit auf Ihren Atem lenken, stellen Sie sich vor, dass er sich durch den ganzen Körper bewegt, dass er beim Einatmen oben am Kopf eintritt … den Körper erfüllt … und durch die Fußsohlen wieder ausgeatmet wird …

Stellen Sie sich dann vor, wie Sie durch die Fußsohlen einatmen … lassen Sie den Körper sich mit Atem füllen … mit Leben … mit Energie … und atmen Sie durch den Mund wieder aus …

Fahren Sie auf diese Weise fort, lassen Sie den Atem reinigend durch den Körper streichen, atmen Sie ein und aus, von oben nach unten, von unten nach oben.

DIE HAND

Bei dieser Übung richten Sie Ihr Augenmerk auf die Hand – den Körperteil, mit dem Sie liebkosen, berühren, greifen etc. – und denken darüber nach, was sie Augenblick um Augenblick, Tag für Tag, Jahr um Jahr für Sie tut.

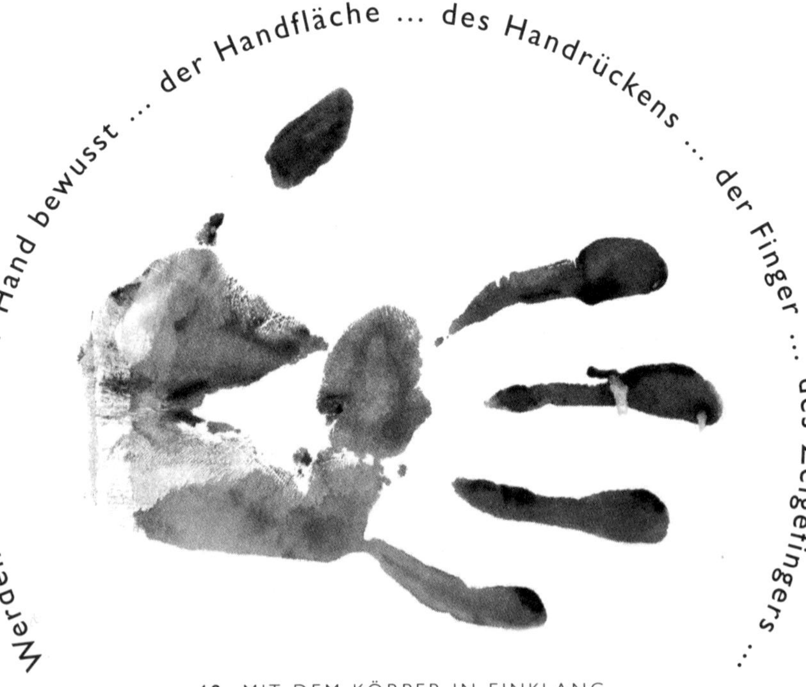

Probieren Sie Folgendes:

Richten Sie Ihre Aufmerksamkeit auf eine Ihrer Hände. Werden Sie sich vor Ihrem geistigen Auge Ihrer Hand bewusst … der Handfläche … des Handrückens … der Finger … des Zeigefingers … des Mittelfingers … des Ringfingers … des kleinen Fingers … des Daumens. Achten Sie auf die Länge jedes Fingers … nehmen Sie die Zwischenräume wahr … werden Sie im Geiste des Daumennagels gewahr … und dann der anderen Fingernägel. Erwarten Sie keine bestimmten Empfindungen. Vielleicht spüren Sie auch nichts – sollte dem so sein, ist das Ihre jetzige Erfahrung.

Bewegen Sie langsam einen Ihrer Finger. Beugen und strecken Sie den Finger ganz langsam, fühlen Sie die Dehnung … nehmen Sie die Kontraktion wahr …

Wie fühlt es sich an, wenn Sie einen der Finger und den Daumen zusammenführen? Reiben Sie den Finger und den Daumen sanft gegeneinander … öffnen Sie die Finger und führen Sie sie wieder zusammen … und werden Sie sich dessen bewusst, wie sich die Berührung anfühlt. Spielen Sie mit ihren Fingern, krümmen und dehnen Sie sie, bewegen Sie sie einzeln, bewegen Sie sie zusammen …

Als Nächstes erstrecken Sie Ihre Wahrnehmung auf die ganze Hand. Beginnen Sie sie vom Handgelenk aus zu drehen … zuerst in die eine, dann in die andere Richtung. Nehmen Sie wahr, wie weit Sie die Drehbewegung ausführen können … kehren Sie dann zurück … und wiederholen Sie die Bewegung.

Was Sie heute tun, kann etwas anderes sein, als das, was Sie gestern getan haben oder morgen vielleicht tun werden. In diesem Augenblick sind wir einfach nur an der Hand interessiert – an dem, was sie tun kann, und wie es sich anfühlt.

DAS GESICHT

Am besten führt man diese Übung dort aus, wo man ungestört ist, im Sitzen oder im Liegen. Mit ihr trainieren wir, uns **auf den Körper einzustellen,** und die Aufmerksamkeit und den Atem in einer bestimmten Körperregion umherwandern zu lassen.

Probieren Sie Folgendes:

Schließen Sie die Augen (wenn sich das gut für Sie anfühlt) und richten Sie die Aufmerksamkeit auf Ihr Gesicht, werden Sie sich Ihres Gesichtes bewusst … vielleicht erkunden Sie seine Ränder, wo es beginnt und wo es endet. Lenken Sie Ihr Augenmerk dann auf bestimmte Gesichtspartien, den Kiefer, die Lippen, den Mund, das Innere des Mundes, die Zunge, die Zähne, die Nase. Werden Sie Ihrer Augen gewahr, dessen, wie die Augäpfel in den Augenhöhlen ruhen, geschützt von den Augenlidern … und fühlen Sie das Gewicht Ihrer Augen in den Höhlen …

Jetzt konzentrieren Sie sich auf die Stirn und die Schläfen, das linke Ohr, das rechte Ohr, die Kopfhaut … massieren Sie sie vor Ihrem geistigen Auge. Halten Sie die ganze Zeit über ein aktives Interesse an diesem Gesicht und seinen Besonderheiten aufrecht, an diesem Gesicht, genau so, wie es jetzt gerade ist … und machen Sie sich von jeglichem Wunsch frei, einen bestimmten Ausdruck anzunehmen; erlauben Sie dem Gesicht, so zu sein, wie es ist … Nehmen Sie wahr, ob irgendwelche Wertungen in Ihnen aufkommen. Falls das passiert, stellen Sie für sich fest: „Da ist Werten“, und lenken Sie Ihre Aufmerksamkeit sanft zurück zu Ihrem Gesicht. Seien Sie ganz bei Ihrer Erfahrung, wie auch immer diese aussehen mag.

IN DEN KÖRPER EINFÜHLEN

Diese Übung, auf die ich zufällig in einem Buch der Psychotherapeutin Barbara Miller Fishman *(Emotional Healing through Mindfulness Meditation)* stieß, ist auch Bestandteil des Yoga Nidra (einer Art Body-Scan, die einem beim Yoga dazu verhilft, einen tiefschlafähnlichen Zustand zu erlangen). Es ist eine kurze Übung, die man am besten im Liegen durchführt. Ich halte sie für **eine Methode, mit der man besonders schnell in den Körper hineinfindet,** und dementsprechend eignet sie sich vor allem für jene Situationen, in denen man mit rastlosen Gedanken wachliegt.

Ich finde es hilfreich, mir vor meinem geistigen Auge einen in verschiedene Teile untergliederten ausgestreckten Körper vorzustellen. Mir fällt das Visualisieren im Liegen leichter als im Sitzen, aber das probieren Sie am besten selbst aus. Die Reihenfolge der einzelnen Übungsschritte ist ohne Belang. **Lassen Sie Abschnitte weg, falls Sie die Übung verkürzen wollen,** oder wiederholen Sie sie ein paar Mal, falls Sie sie ausdehnen möchten.

Probieren Sie Folgendes:

Legen Sie sich mit ausgestreckten Beinen auf den Boden und lassen Sie die Füße entspannt nach außen sinken, die Arme ruhen seitlich neben dem Körper. Schließen Sie die Augen, wenn sich das gut für Sie anfühlt … nehmen Sie Ihre rechte Körperhälfte wahr … von der rechten Seite des Kopfes bis zu den Zehenspitzen des rechten Fußes … einschließlich des rechten Arms … Werden Sie sich einfach der rechten Körperhälfte bewusst, und verharren Sie ein paar Augenblicke dabei. Jetzt verlassen Sie die rechte Körperhälfte und werden sich der linken Körperhälfte bewusst, vom Kopf bis hin zu den Zehenspitzen des linken Fußes … seien Sie sich der linken Körperhälfte bewusst … und verweilen Sie ein paar Augenblicke dabei.

Als Nächstes werden Sie der oberen Körperhälfte gewahr … und nehmen Ihren Rumpf von der Taille aus aufwärts bis hin zum Kopf wahr, einschließlich des linken und des rechten Arms … und mit der oberen Körperhälfte im Bewusstsein verweilen Sie ein paar Augenblicke. Dann verlassen Sie die obere Körperhälfte wieder und richten Ihre Aufmerksamkeit auf die untere Körperhälfte … werden sich der Region unterhalb der Taille bewusst … einschließlich des linken und des rechten Beins … halten Sie einfach die untere Hälfte Ihres Körpers im Bewusstsein … und verweilen Sie einige Augenblicke dabei.

Werden Sie sich jetzt der Vorderseite Ihres Körpers bewusst – richten Sie Ihr geistiges Auge auf das Gesicht ... die Brust ... die Vorderseite der Arme ... den Bauch ... die vorderen Oberschenkel ... die Knie ... die Schienbeine ... die Oberseite der Füße ... halten Sie die gesamte vordere Seite Ihres Körpers im Bewusstsein ... und verharren Sie so ein paar Augenblicke.

Verlassen Sie die Vorderseite Ihres Körpers und richten Sie die Aufmerksamkeit auf Ihre hintere Körperhälfte ... den Hinterkopf ... den Nacken ... die Schultern ... den oberen Rückenbereich ... den mittleren ... den unteren ... das Gesäß ... die Rückseite der Oberschenkel ... die Waden ... die Fersen ... behalten Sie die gesamte hintere Körperhälfte im Bewusstsein ... und verharren Sie so ein paar Augenblicke.

Nun verlagern Sie Ihre Aufmerksamkeit und werden gewahr, wie Ihr ganzer Körper so daliegt ... der ganze Körper ... die Summe aller Körperteile ... wie auch immer sie sich anfühlen mögen ... der gesamte Körper ruht im Bewusstsein ...

Eine Übung, die man am besten im Liegen durchführt.

DIE AUFMERKSAMKEIT IM KÖRPER UMHERWANDERN LASSEN

Unsere Aufmerksamkeit ist wie eine Taschenlampe, die sich zum Erzeugen eines fest konzentrierten Lichtstrahls in die eine Richtung drehen lässt, und für einen breiter gestreuten Lichtschein in die andere. **Bei der Achtsamkeitsmeditation wechseln wir zwischen einem engeren Aufmerksamkeitsfokus, der wie beim Lauschen eines Klangs beispielsweise auf eine bestimmte Körperpartie oder einen Fokuspunkt gerichtet ist, und dem Ausdehnen unserer Aufmerksamkeit auf den ganzen Körper.**

Probieren Sie Folgendes:

Mit dieser sich auf den Körper konzentrierenden Übung, die man am besten zu Hause oder an einem Ort durchführt, an den man sich zurückziehen kann und an dem man ungestört ist, können Sie trainieren, den Strahl Ihrer Aufmerksamkeit zu bündeln oder zu erweitern. Wenn Sie sich zum Beispiel auf Ihre Hand konzentrieren, können Sie die Übung im Sitzen durchführen. Möchten Sie hingegen mit dem ganzen Körper üben, legen Sie sich am besten hin, damit Sie es warm und bequem haben.

Verlängern oder verkürzen Sie diese Übung nach Belieben. Eine kurze Übung kann z. B. so aussehen: Lenken Sie Ihre Aufmerksamkeit zunächst auf einen einzelnen Zeh, sehen Sie ihn vor Ihrem geistigen Auge … lassen Sie Ihre Aufmerksamkeit auf dieser Stelle ruhen … und nehmen Sie dabei alle Empfindungen wahr, die es dort gibt (oder auch nicht gibt). Es ist wichtig, sich in den Körper hineinzufühlen.

Erweitern Sie die Übung auf alle Zehen des Fußes … seien Sie neugierig auf jeden einzelnen Zeh und wie er sich in diesem Augenblick anfühlt … beziehen Sie die Fußsohle ein, die Ferse, das Gewicht der Ferse und des Fußes, wo er den Boden berührt.

Fokussieren Sie Ihre Aufmerksamkeit jedes Mal auf diese bestimmte Körperstelle, und falls Ihr Geist sich in Gedanken verliert (was er sehr wahrscheinlich tun wird), lenken Sie ihn einfach zurück an diesen Konzentrationspunkt.

Dehnen Sie die Übung weiter aus und nehmen Sie den ganzen Fuß wahr … sehen Sie ihn vor Ihrem inneren Auge und seien Sie sich seiner einfach bewusst; achten Sie darauf, ob es physische Empfindungen gibt oder nicht, ob Sie eine Temperatur spüren oder irgendwelche inneren Empfindungen haben. Oder spüren Sie etwas von außen, etwa einen Lufthauch oder Stoff, der Ihre Haut berührt? Sie können Ihren Atem auch in den Fuß lenken, in den Fuß ein- und wieder aus ihm ausatmen – als würde der Fuß selbst atmen.

Sie können die Übung auch verlängern, indem Sie mit den Zehen des einen Fußes beginnen, sich vorarbeiten und dann den gesamten Fuß ins Zentrum Ihrer Aufmerksamkeit nehmen … als Nächstes verlassen Sie ihn wieder und verlagern Ihre Aufmerksamkeit nach oben auf die verschiedenen Bereiche des Beins, dann auf das ganze Bein einschließlich des Fußes, und vielleicht mögen Sie ja auch durch das Bein ein- und ausatmen.

Gehen Sie dann mit der Übung zum anderen Bein über, zu Ihrem Rumpf (Vorder- und Rückseite), zu den Armen, dem Nacken und dem Kopf, und dann zum gesamten Körper.

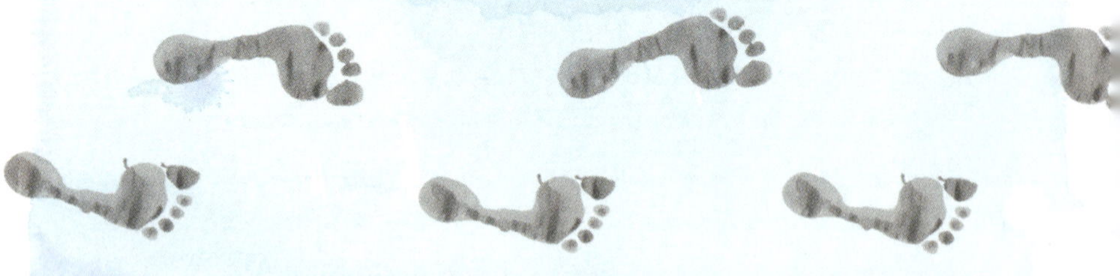

AUFRECHT STEHEN WIE EIN BERG

Die Stehende Berghaltung ist eine traditionelle Yogastellung. Mit ihr gelangt man geistig schnell „zum Sitzen" – in einen Zustand der wachsamen, entspannten Aufmerksamkeit. **Bei dieser Haltung ist man mit den Füßen in der Erde verankert, fühlt sich in der oberen Körperhälfte und dem Kopf jedoch aufgerichtet.**

Diese Übung mache ich häufig, während ich auf einen Bus oder Zug warte oder in der Schlange stehe, **da man mit ihr gut üben kann, zu jeder Zeit in seinen Körper zu finden.** Sie ist auch hilfreich, um sich zu erden, wenn man besorgt oder nervös ist, etwa vor einem Bewerbungsgespräch oder im Wartezimmer eines Arztes.

Man kann die Berghaltung auch als Unterbrechung oder Pause bei Bewegungsübungen wie dem achtsamen Gehen oder beim Yoga einsetzen. Sie kann jederzeit und überall dort ausgeführt werden, wo man stehen kann. **Niemand wird mitbekommen, was Sie da gerade tun.**

Wenn Sie fest und stabil dastehen, werden Sie sich auch physisch stabiler fühlen. Die Berührungspunkte mit dem Boden wahrzunehmen, wird Sie aus dem Kopf hinaus- und in Ihren Körper hineinführen.

TIPP *Statt hüftbreit stehen viele Leute zu breitbeinig da oder die Füße sind zu eng zusammen. Um die richtige Position einzunehmen, stellen Sie Ihre Füße zunächst parallel direkt nebeneinander. Bewegen Sie jetzt die Fußspitzen auf beiden Seiten so weit nach außen, bis sie ungefähr in Richtung zehn beziehungsweise zwei Uhr weisen. Dann ziehen Sie die Fersen nach, bis die Füße wieder parallel zueinander stehen.*

Wenn Sie fest dastehen, werden Sie sich auch physisch stabiler fühlen.

Probieren Sie Folgendes:

Stehen Sie locker, mit den Füßen parallel zueinander und hüftbreit auseinander da, ohne Ihre Knie durchzustrecken. Vielleicht hilft es Ihnen, einmal tief einzuatmen, und dann beim Ausatmen in den Knien ein wenig nachzugeben. Die Arme hängen entspannt zu beiden Seiten herab. Stellen Sie sich einen seidenen Faden vor, der vom Ansatz der Wirbelsäule durch den Rücken hinauf zum Nacken und durch den Kopf wieder hinausführt ... Stellen Sie sich vor, wie jemand sachte an dem Faden zieht – es entsteht das Gefühl, dass sich der Scheitel nach oben gen Himmel hebt und das Kinn entspannt nach unten sinkt.

Sie können die Übung mit einem Body-Scan erweitern. Vielleicht beginnen Sie bei den Füßen; nehmen Sie wahr, wie die Fußsohlen den Boden berühren ... werden Sie Ihrer Zehen gewahr – sind sie entspannt oder zusammengekrallt? Beobachten Sie einfach, wie sie sind, ohne den Wunsch oder das Bedürfnis, den Körper in einem bestimmten Zustand zu bringen. Scannen Sie sich durch die Füße, die Knöchel ... Waden und Schienbeine ... die Oberschenkel bis hinauf zum Rumpf ...

Werden Sie jetzt des Beckens gewahr, des Bauchs, des Lendenbereichs und bewegen Sie sich entlang des Rückgrats nach oben, um die Schultern wahrzunehmen ... von dort zur Brust und weiter den Nacken hinauf bis zum Gesicht, zum gesamten Kopf.

Stehen Sie aufrecht da, geerdet – die Haltung der wachsamen Aufmerksamkeit.

Siehe auch SITZENDE BERGHALTUNG, SEITE 161–62

STEHENDE BEWEGUNGSÜBUNG

Die Berghaltung (siehe Seite 57–59) ist das Kernelement dieser im Stehen durchgeführten Bewegungsübung. Wir beginnen und enden mit ihr, und kehren auch am Ende jeder Bewegung zu ihr zurück. Indem wir zwischen den Bewegungen immer wieder die Berghaltung einnehmen, können wir **die Wirkung wahrnehmen, die die jeweilige Bewegung auf den Körper hat, sowie die Unterschiede und Gemeinsamkeiten von Bewegung und Reglosigkeit.**

Bewegungsübungen geben uns Gelegenheit, **mit unserem Körper vertrauter zu werden** – insbesondere dem Körper im jeweiligen Moment. Wie er in diesem Moment ist, unterscheidet sich davon, wie er gestern war und morgen sein wird. Es ist wichtig, diese Unterschiede anzuerkennen. Bei achtsamen Bewegungsübungen achten wir auf körperliche Empfindungen und darauf, **neugierig auf das zu sein, was beim Bewegen im Körper geschieht.** Vielleicht bemerken wir aufkommende Gedanken und Gefühle, die wir als das, was sie sind, benennen können, bevor wir mit unserer Aufmerksamkeit zum Körper zurückkehren. In diesem Wechsel besteht die Übung. Das Wichtigste beim Durchführen von achtsamen Bewegungen ist, **auf den Körper zu hören und seine Grenzen anzuerkennen.** Versuchen Sie, so weit zu gehen, bis Sie einen Widerstand spüren, doch gehen Sie auf keinen Fall darüber hinaus.

Probieren Sie Folgendes:

Die folgenden Übungen können Sie einzeln oder aneinandergereiht ausführen.

FINDEN SIE IHR ZENTRUM

Beginnen Sie mit der Berghaltung (siehe Seite 57–59). Die Arme hängen zur Seite, die Knie bleiben locker. Lenken Sie Ihre Aufmerksamkeit in die Füße. Nehmen Sie wahr, wie Ihre Füße den Boden berühren … geerdet sind … getragen werden …

Behalten Sie die feste Verbindung zum Boden bei und neigen Sie sich aus den Knöcheln heraus ganz leicht nach vorn … kommen Sie zur Mitte zurück … und wiederholen Sie die Bewegung … Erkunden Sie bei jedem Mal, wo der Punkt ist, an dem das Vorbeugen zum Nach-vorn-Fallen führen könnte. Falls nötig, machen Sie einen Schritt nach vorn, um das Gleichgewicht zu halten.

Wenn es sich gut anfühlt, können Sie nun erkunden, wo der Punkt ist, an dem Sie nach hinten kippen würden. Bedenken Sie, dass die Bewegungen alle sehr klein sind. Neigen Sie sich zunächst wieder sanft nach vorn, wobei Sie Füße und Unterschenkel fest auf dem Boden verankert lassen … schwingen Sie zur Mitte zurück … und neigen Sie sich dann nach hinten … Dann erkunden Sie auf die gleiche Weise den Punkt, an dem Sie zur Seite kippen würden …

Kehren Sie immer zur Mitte zurück … vielleicht stehen Sie in dieser Position einen Augenblick ganz still und erkunden, wie es sich anfühlt, zentriert zu sein.

Experimentieren Sie mit Ihren Bewegungen … beginnen Sie mit kleinen Bewegungen, die allmählich stärker werden … und lassen Sie sie dann kleiner und kleiner werden, bis Sie wieder zum Stillstand gekommen sind.

Achten Sie während der gesamten Übung darauf, was mit Ihrem Atem geschieht … nehmen Sie wahr, wie sich die Muskeln in Ihrem Körper an- und entspannen.

Eine ähnliche Übung können Sie auch im Sitzen durchführen – indem Sie sich nach dem Setzen hin und her wiegen, bevor Sie sich in Ihrer Mitte einpendeln.

DEHNEN UND BEUGEN

Beginnen Sie in der Berghaltung und verlagern Sie Ihr Gewicht zur linken Seite. Beim nächsten Einatmen lassen Sie den rechten Arm langsam nach oben schwingen. Führen Sie die Bewegung so weit aus, wie es geht, und orientieren Sie sich an der Dauer Ihres Einatmens. Wenn Sie Ausatmen, entspannen Sie den Körper, halten Sie dabei den rechten Arm empor und lassen Sie die Schulter nach unten sacken.

Beim nächsten Einatmen strecken Sie den rechten Arm gen Himmel … Spüren Sie die Dehnung über die gesamte Körperlänge … Beim folgenden Ausatmen führen Sie den rechten Arm über den Kopf … halten Sie dabei den Körper aufrecht. Verharren Sie einen oder zwei Atemzüge lang in dieser Position und achten Sie darauf, was im Körper geschieht … Beobachten Sie, ob irgendwelche Gedanken oder Gefühle aufkommen … doch bringen Sie Ihre Aufmerksamkeit stets zu Ihrem Körper zurück.

Wenn Sie das nächste Mal einatmen, heben Sie den rechten Arm wieder in die Höhe, sodass er himmelwärts weist. Beim Ausatmen entspannen Sie die Schulter und atmen dann wieder ein … und beim folgenden Ausatmen lassen Sie den Arm wieder zur Seite gleiten. Verharren Sie ein oder zwei Atemzüge lang in der stehenden Bergstellung und achten Sie darauf, was im Körper vor sich geht, bevor Sie die ganze Abfolge mit der gegenüberliegenden Seite wiederholen.

GLEICHGEWICHTSÜBUNG

Verlagern Sie Ihr Gewicht aus der Bergposition heraus zu einer Seite hin und heben Sie den gegenüberliegenden Fuß 2,5–5 cm vom Boden an. Um das Gleichgewicht zu halten, können Sie den angehobenen Fuß leicht am Standbein abstützen. Es ist auch in Ordnung, diese Übung an eine Wand gelehnt auszuführen, um besser in der Balance zu bleiben. Außerdem kann es hilfreich sein, einen Punkt vor Ihnen mit dem Blick zu fixieren. Experimentieren Sie mit der Position Ihrer Arme: Sie können sie ausstrecken, in die Hüfte stützen oder vor sich halten, die Handflächen einander zugewandt.

Nehmen Sie beim Balancieren auf einem Bein wahr, wie viel Bewegung am Stillstehen beteiligt ist … und dass man die Position ständig neu justieren muss. Häufig muss man noch einmal von vorn beginnen, etwa wenn man den Fuß abgesetzt hat.

Kommen Sie in die Berghaltung zurück, beide Füße auf dem Boden. Dann führen Sie die Übung für die andere Seite durch und enden Sie auch hier mit der Berghaltung.

DREHEN

Wir beginnen mit der Berghaltung, die Füße parallel zueinander, locker in den Knien, die Hüfte zeigt nach vorn. Drehen Sie sich aus der Taille nach einer Seite, halten Sie dabei jedoch Hüfte und Knie nach vorn gerichtet, auch wenn das heißt, dass Sie sich nicht ganz so weit drehen können. Sie können die Arme verschränken und die Bewegung vom Ellbogen aus führen, wobei Sie den Blick fest auf den Ellbogen richten. Dann kommen Sie zur Mitte zurück … Wiederholen Sie die Übung in die entgegengesetzte Richtung … Hüfte und Knie bleiben nach vorn gerichtet.

Diese dynamische Übung können Sie mit dem Atem koordinieren – experimentieren Sie damit herum, eine Bewegung wahlweise beim Einatmen oder beim Ausatmen auszuführen, und achten Sie auf den Unterschied.

Führen Sie diese Bewegung ein paarmal langsam aus. Lassen Sie die Arme los, sodass sie seitlich herunterhängen, und beginnen damit, sie von einer Seite zur anderen zu schwingen und dabei ganz allmählich immer schneller zu werden … Bleiben Sie nach vorn gerichtet und locker in den Knien … Wenn Sie aus der Taille heraus sacht in beide Richtungen drehen, lassen Sie die Arme sanft gegen den Rücken schlagen.

ABSCHLUSS

Kommen Sie am Ende einer jeden Bewegungsübung in die Bergstellung zurück und verharren dort einen Augenblick; scannen Sie sich wie zu Beginn vielleicht noch einmal durch den Körper, bevor Sie sich ein, zwei Minuten auf Ihren Atem konzentrieren.

SITZENDE BEWEGUNGSÜBUNG

Diese kurze Bewegungsübung können Sie am Schreibtisch oder auf einem festen Stuhl sitzend durchführen, wahlweise vollständig oder jeden Abschnitt für sich allein. Bei allen achtsamen Bewegungsübungen **achten wir auf körperliche Empfindungen und sind neugierig auf das, was geschieht, wenn wir uns bewegen.** Vielleicht bemerken wir, dass Gedanken oder Gefühle aufkommen, und dann können wir sie als das benennen, was sie sind, bevor wir unsere Aufmerksamkeit zurück zu unserem Körper bringen. Dieses Spiel dürfen wir die ganze Übung hindurch beständig wiederholen – darin besteht die Übung. **Das Wichtigste beim Ausführen achtsamer Bewegungen ist, auf den Körper zu hören und seine Grenzen zu respektieren.** Experimentieren Sie damit herum, wie weit Sie die Bewegung ausführen können, bis Sie einen Widerstand spüren, aber gehen Sie auf keinen Fall über ihn hinaus. Wir stehen weder mit uns selbst noch mit anderen in einem Wettstreit.

„Bewegungsübungen geben uns Gelegenheit, mit unserem Körper vertrauter zu werden – insbesondere dem Körper im jeweiligen Moment. Wie er in diesem Moment ist, unterscheidet sich davon, wie er gestern war und morgen sein wird. Es ist wichtig, diese Unterschiede anzuerkennen."

Probieren Sie Folgendes:

Platzieren Sie Ihre Füße fest auf dem Boden und beugen sich dann nach vorn, sodass Sie die Zehen berühren können; schieben Sie das Gesäß auf der Sitzfläche des Stuhls bis zur Lehne zurück und richten sich dann wieder auf. Nun sollten Sie gerade sitzen.

Versuchen Sie, die Übung mit geschlossenen und geöffneten Augen durchzuführen.

KOPF UND NACKEN

Schauen Sie geradeaus (und stellen Sie sich dabei vor, dass sachte an einem seidenen Faden, der vom Ansatz Ihrer Wirbelsäule den Rücken hinauf zu Nacken und Kopf führt, gezogen wird, sodass sich der Scheitel nach oben hebt und das Kinn nach unten sinkt) … atmen Sie ein und drehen Sie beim Ausatmen den Kopf ganz langsam nach rechts … kommen Sie beim Einatmen zurück zur Mitte … wenden Sie dann beim Ausatmen den Kopf nach links … und kommen Sie beim Einatmen wieder zurück zur Mitte. Wiederholen Sie die Übung dreimal.

Richten Sie Ihre Aufmerksamkeit auf Ihr rechtes Ohr. Seien Sie sich seiner bewusst, und lassen Sie es einfach gen Schulter sinken, wobei es diese nicht berühren muss. Spüren Sie die Dehnung auf der gegenüberliegenden Seite des Nackens, kommen Sie in die Mitte zurück und wiederholen Sie die Übung mit der linken Seite. (Die Schulter sollte an der Übung nicht beteiligt sein, wenn Sie also merken, wie sie sich anspannt oder nach oben bewegt, halten Sie einfach inne, atmen Sie ein paarmal ein und aus und lassen Sie sie dann wieder nach unten sinken.)

Schauen Sie geradeaus (denken Sie an den Seidenfaden …), stellen Sie sich vor, dass der Kopf ganz schwer wird, lassen Sie ihn ganz langsam nach vorn sinken; die Bewegung wird vom Kopf geführt, die Augen sind geschlossen … lassen Sie den Kopf gen Brust sinken, atmen Sie ein und aus … nehmen Sie die Kontraktion und Dehnung wahr. Wenn Sie so weit gegangen sind, wie sie möchten, machen Sie eine Pause, atmen Sie ein paarmal ein und aus, heben Sie den Kopf dann wieder ganz langsam.

Blicken Sie mit entspannter Kopfhaltung geradeaus und stellen sich vor, Sie hätten Farbe vorn an der Nasenspitze und direkt vor Ihnen wäre eine Glasscheibe oder Wand. Jetzt malen Sie mit der Nase ganz kleine Kreise … stellen Sie Versuche damit an, langsamer oder schneller zu malen und die Größe der Kreise zu variieren; achten Sie dabei jedoch aufmerksam darauf, was angenehm ist, und machen Sie keine plötzlichen, ruckartigen Bewegungen. Wiederholen Sie die Übung in die andere Richtung.

SCHULTERN UND BRUST

Setzen Sie sich aufrecht auf einen Stuhl, erheben Sie sich aus der Taille, haken Sie Ihre Hände hinter dem Rücken ineinander und drücken Sie sie vom Körper weg … strecken Sie sich … spüren Sie, wie die Schulterblätter näher zueinanderkommen und sich der Brustkorb weitet. Entspannen Sie und wiederholen Sie die Übung.

Führen Sie die Fingerspitzen zu den Schultern und richten Sie die Aufmerksamkeit dann auf die Ellbogen, bewegen Sie diese dann langsam nach vorn, führen Sie

sie zusammen und dann wieder auseinander … In derselben Position, mit den Fingerspitzen auf den Schultern, kreisen Sie dann mit den Ellbogen in kleinen, sanften Bewegungen erst in die eine, dann in die andere Richtung.

Setzen Sie sich aufrecht hin, die Hände hinter dem Kopf verschränkt, Hüfte, Knie und Füße sind nach vorn gerichtet und bilden in der Seitenansicht einen rechten Winkel; drehen Sie sich aus der Taille heraus erst in die eine Richtung, dann zurück in die Mitte und in die andere Richtung. Halten Sie an dem Punkt, an dem Sie das Gefühl haben, dass es nicht mehr weitergeht, vielleicht kurz inne und atmen Sie einfach … ein und aus … und werden Sie sich der Erfahrung bewusst. Wiederholen Sie die Abfolge dreimal.

Setzen Sie sich erneut aufrecht hin, führen Sie die Ellbogen nah an den Brustkorb heran, Unterarme und Hände direkt vor sich, die Handflächen zeigen nach oben. Lassen Sie die Ellbogen nah am Körper, atmen Sie aus und strecken Sie dabei die Hände nach außen … doch nur so weit, wie Sie können, ohne dabei die Ellbogen zu bewegen (was möglicherweise nicht besonders weit ist) … Fühlen Sie die Dehnung und wie der Brustkorb sich weitet, und kommen Sie mit dem nächsten Einatmen zurück in die Ausgangsstellung. Wiederholen Sie dies dreimal.

Setzen Sie sich aufrecht hin, diesmal mit den Händen in den Hüften, und führen Sie die Ellbogen hinter dem Rücken aufeinander zu (ohne dass diese sich berühren müssen), spüren Sie, wie sich die Schulterblätter aufeinander zubewegen und der Brustkorb sich weitet … Wiederholen Sie die Übung dreimal.

DIE HÄNDE

Viele von uns verbringen einen großen Teil unserer Zeit, sei es beruflich oder privat, an einer Computertastatur – da ist es angebracht, auch seine Finger und Hände regelmäßig zu trainieren, um negativen Auswirkungen entgegenzuwirken.

Heben Sie die rechte Hand und lassen Sie sie vom Handgelenk her schlaff herunterhängen. Hand und Handgelenk sind ganz locker … vielleicht schütteln Sie das Handgelenk sanft, sodass die Hand schwer herunterhängt.

Bewegen Sie nacheinander jeden einzelnen Finger, als würden die Finger eine Miniatur-La-Ola-Welle vollführen … ziehen Sie sie dabei an die Handfläche heran und strecken Sie sie dann wieder aus. Führen Sie diese Übung sowohl langsam als auch schnell durch … experimentieren Sie mit den Unterschieden herum.

Strecken Sie dann den Daumen zu seiner vollen Länge aus und ziehen Sie ihn wieder heran … wiederholen Sie dies ein paarmal.

Nun richten Sie Ihre Aufmerksamkeit zurück auf das Handgelenk und beginnen damit, es in eine Richtung und dann in die andere zu drehen … drehen Sie es so weit, wie Sie können, doch achten Sie dabei stets auf die Grenzen, die Ihnen Ihr Körper vorgibt. Wiederholen Sie den Ablauf mit der anderen Hand.

ABSCHLUSS: SITZEN UND ATMEN MIT DEM GANZEN KÖRPER IM BEWUSSTSEIN

KÖRPERBEWUSSTSEIN ENTWICKELN

Unsere Aufmerksamkeit gezielt auf unser physisches Erfahren zu lenken, ist eine Methode, ein stärkeres Körperbewusstsein zu erlangen und zu üben, mit körperlichen Empfindungen umzugehen sowie **eine Einstellung der Neugier und des Interesses an unserer physischen Erfahrung zu entwickeln.** Praktizieren wir dies regelmäßig, wird es uns leichter fallen, **uns unserem Körper zuzuwenden, wenn wir emotionalen Belastungen ausgesetzt sind oder die Gedanken in festgefahrenen Bahnen kreisen.**

Wenn man darauf achtet, was im Körper vor sich geht, nutzt man dieselbe neuronale „Schnellstraße" wie beim Grübeln; **unsere Aufmerksamkeit auf den Körper zu richten, ist daher eine Methode, bewusst in einen anderen Gang zu schalten, und uns von unserem Geist und unseren Gedanken abzubringen.**

Durch regelmäßiges Üben werden wir mit unserem Körper vertraut – mit dem, was „normal" für uns ist – und somit wird es uns leichter fallen, Veränderungen und Missverhältnisse früher wahrzunehmen.

Entwickeln Sie eine Haltung der Neugier.

Probieren Sie Folgendes:

Suchen Sie sich einen ruhigen Ort, an dem Sie nicht gestört werden, und setzen Sie sich so hin, wie es für Sie am bequemsten ist (siehe Seite 39–40).

Nehmen Sie sich ein paar Augenblicke Zeit, sich richtig hinzusetzen. Korrigieren Sie Ihre Sitzposition und achten Sie darauf, dass die untere Körperhälfte fest verankert und mit dem Boden oder Stuhl verbunden ist, und richten Sie sich gleichzeitig aus der Taille heraus auf, den Kopf gen Decke erhoben und das Kinn leicht in Richtung Brust gesenkt. Sie sollten aufmerksam und doch entspannt sein.

Richten Sie Ihre Aufmerksamkeit zunächst auf den Atem. Fokussieren Sie sich auf den Bereich des Körpers, an dem Sie den Atem am stärksten spüren, und verweilen Sie dort. Verharren Sie beim Einatmen so lange, wie es dauert, nehmen Sie die Pause zwischen dem Ein- und dem Ausatmen wahr … und verharren Sie dann beim Ausatmen. Fahren Sie ein paar Minuten auf diese Weise fort, und nehmen Sie einfach die Empfindungen beim Atmen wahr, wie auch immer diese im jeweiligen Augenblick sein mögen. Sollten Wertungen aufkommen, nehmen Sie ihr Vorhandensein zur Kenntnis und geleiten Sie Ihre Aufmerksamkeit nachdrücklich zum Atem zurück.

Registrieren Sie, ob Ihr Atem tief ist oder flach, schnell oder langsam, doch lassen Sie jegliches Bedürfnis los, auf eine bestimmte Weise zu atmen. Atmen Sie einfach, ohne zu versuchen, es zu beeinflussen (sollte sich das Atmen von allein verändern, ist das in Ordnung) … seien Sie einfach neugierig darauf, wie Ihr Atem im jeweiligen Augenblick ist.

Erweitern Sie Ihre Aufmerksamkeit nach einer Weile auf den ganzen Körper. Werden Sie sich der Stellen bewusst, mit denen Sie den Boden berühren ... spüren Sie das Gewicht, die Berührung, ob sie sich hart oder weich anfühlt ... Vielleicht scannen Sie sich von den Füßen her durch den Körper bis zum Kopf. Was nehmen Sie wahr?

Lassen Sie sich nun in dem Zustand des Sich-des-Körpers-bewusst-Seins nieder. Vielleicht sind sie sich vor allem des Atems bewusst oder aber anderer Empfindungen.

Die Einstellungen, die wir zu entwickeln versuchen, sind Neugier, Interesse und Wohlwollen. Erkunden Sie Ihren Körper, als wäre er ein neuer Freund, den Sie etwas besser kennenlernen möchten. Was werden Sie heute entdecken?

Wenn eine bestimmte Empfindung nach Ihrer Aufmerksamkeit verlangt, haben Sie die Wahl zwischen den folgenden Optionen:

* Sie können sich bewusst auf die Empfindung konzentrieren und sie erkunden ... Wie ist sie? Wo genau befindet sie sich? Verändert sie sich oder bleibt sie konstant? Wie würden Sie sie beschreiben – als ein Pochen, Jucken, Hämmern ...? Hätte sie eine Farbe, welche wäre das? Was geschieht, wenn Sie dieser Empfindung Aufmerksamkeit schenken? Sammeln sie Informationen über sie, statt sie zu analysieren.

* Sie können Ihre Aufmerksamkeit auf den Atem richten und ihn als Ankerpunkt nutzen. Jedes Mal, wenn Sie von physischen Empfindungen abgelenkt werden, kehren Sie einfach zu Ihrem Atem zurück (Sie können das immer und immer wieder tun).

* Sie können den Atem an die Stelle lenken, an der Sie das Unbehagen spüren, und sich vorstellen, dass sie von dieser Stelle aus ein- und ausatmen.

* Sie können beschließen, Ihre Position zu verändern, aber tun Sie dies achtsam, statt automatisch auf die körperliche Empfindung zu reagieren. Wenn Sie sich bewegen müssen, treffen Sie die bewusste Entscheidung, dies zu tun, und achten Sie darauf, wie sie sich bewegen und eine neue Position einnehmen.

MERKE

Wir wollen beim Sitzen keine Schmerzen aushalten, **mit Unbehagen jedoch können wir lernen umzugehen,** wobei wir dies mit Güte und Mitgefühl uns selbst gegenüber tun. Es mag schwerfallen, eine unangenehme Empfindung länger als ein paar Augenblicke zu erdulden, aber vielleicht schaffen wir es, ihr nach und nach zuzugestehen, da zu sein, ohne auf sie zu reagieren.

Wir gehen immer in einem Tempo vor, das uns richtig vorkommt – und **was wir heute tun, kann etwas anderes sein als das, was wir gestern getan haben oder was wir morgen tun werden.** Üben Sie, die Dinge mit dem „Geist des Anfängers" zu sehen, das wahrzunehmen, was da ist, und nicht das, von dem wir denken, es sollte da sein.

Wenn Sie das Bedürfnis verspüren, sich zu bewegen und die Übung zu beenden, versuchen Sie, dieses Bedürfnis noch weiter zu erkunden – können Sie es als Empfindung im Körper spüren? Probieren Sie aus, **den Drang nur wahrzunehmen, ohne ihm gleich nachzugeben.** Wie fühlt sich das an?

Wenn Sie die Übung beenden möchten, treffen Sie die bewusste Entscheidung, dies zu tun, und **schließen Sie damit, sich noch einen Augenblick auf den Atem zu fokussieren,** bevor Sie Ihre Aufmerksamkeit wieder nach außen lenken.

GEHEN, OHNE EIN ZIEL ZU HABEN

Normalerweise gehen wir und haben dabei ein Ziel vor Augen – wir verschaffen dem Hund Bewegung, gehen zur Arbeit oder begleiten die Kinder zur Schule. Welchen Grund wir auch immer haben mögen, **wir gehen eher selten nur um des Gehens willen.**

Die Geh-Übung ist eine Methode, den Verstand durch Bewegung zur Ruhe zu bringen und sich in den Körper hineinzufinden, und sehr hilfreich, wenn Sie ruhelos oder in Sorge sind und es Sie überfordern würde, still zu sitzen. Auch wenn Sie schläfrig sind, werden Sie beim Laufen eher wachbleiben, als wenn Sie sitzen.

Wenn wir im Alltag von A nach B gehen, geschieht das oft wie im Autopilotmodus. Daher versuchen wir, bei der Geh-Übung **langsam zu gehen, um uns so daran zu gemahnen, dass wir gerade etwas Ungewöhnliches tun.** Das heißt nicht etwa, dass die Geh-Übung irgendetwas Sakrales hätte – es ist einfach leichter, präsent zu sein, wenn wir anders laufen als wir es üblicherweise tun.

Diese Übung können Sie zu Hause, aber auch draußen machen, falls es da einen ungestörten Ort gibt, an dem Sie unbeobachtet sind. Sie wird häufig durchgeführt, indem man im Kreis geht, da dies betont, dass wir **gehen, ohne ein Ziel im Sinn zu haben.** Falls Sie nicht besonders viel Platz zur Verfügung haben, kann Ihr Kreis ebenso gut ein langgestrecktes Oval sein. **Die Übung barfuß auszuführen, kann das Gefühl der Verbundenheit zwischen Fuß und Boden stärken.**

Probieren Sie Folgendes:

Nehmen Sie die Berghaltung ein (siehe Seite 57–59), die Füße parallel zueinander und hüftbreit auseinander. Die Arme können entspannt zur Seite herunterhängen oder vor bzw. hinter Ihrem Körper verschränkt sein. Die Augen sollten geöffnet sein.

Spüren Sie, wo Ihre Füße den Boden berühren und das Gewicht Ihres Körpers tragen … verbinden Sie sich mit dem Atem … werden Sie sich des Stehens bewusst.

Als Nächstes richten Sie Ihre Aufmerksamkeit auf einen der Füße, verlagern Sie Ihr Gewicht auf das gegenüberliegende Bein, indem Sie zunächst langsam die Ferse vom Boden lösen. Spüren Sie die Gewichtsverlagerung … beim Heben … Vorwärtsbewegen … und Absetzen des Fußes … Werden Sie der Bewegung gewahr, des Gewichts, und dessen, wie es ist, wenn der Fuß den Boden berührt …

Werden Sie sich der verschiedenen Körperteile bewusst, die daran beteiligt sind, einen Fuß vor den anderen zu setzen …

Lenken Sie dann Ihre Aufmerksamkeit auf den anderen Fuß und wiederholen Sie den Ablauf … anheben … vorwärtsbewegen … absetzen – Sie können diese Worte schweigend vor sich hersagen, falls Ihnen das hilfreich erscheint.

Jedes Mal, wenn Ihr Geist abschweift, holen Sie ihn einfach zurück und richten Ihre Aufmerksamkeit wieder auf die Füße. Wahrscheinlich werden Sie dies immer wieder tun müssen, aber das ist in Ordnung so.

Wenn Sie schließlich stehenbleiben, nehmen Sie kurz die Berghaltung ein; vielleicht scannen Sie sich durch den Körper und stellen fest, wie er sich jetzt anfühlt.

Gehen Sie langsam, um sich daran zu erinnern, dass Sie gerade etwas Ungewöhnliches tun.

Kapitel 3

WOHLBEFINDEN FÖRDERN

Wohlbefinden ist ein Gefühl der Zufriedenheit, des Friedens und der Verbindung zu einem Ort und zu Menschen. Selbst wenn wir an einer Krankheit leiden oder mit Problemen kämpfen, können wir das Gefühl haben, mit der Welt und unseren Mitmenschen verbunden zu sein.

Bei den Übungen in diesem Kapitel liegt der Schwerpunkt darauf, Alltagsaktivitäten Aufmerksamkeit zu widmen. Diese Art von Aktivitäten führen wir wiederholt aus, und weil wir uns ihrer nicht mehr bewusst sind, gehen sie einfach ineinander über und verlieren ihre Einzigartigkeit. Wir funktionieren oft im Autopilotmodus, und zwar in einem Maße, dass wir uns z.B. nicht mehr daran erinnern können, aufgestanden und aus der Türe getreten zu sein. Auf diese Weise verlieren wir unzählige Augenblicke unseres Lebens, und sind sie einmal verloren, werden wir sie nie wiederbekommen. **Wenn wir diesen alltäglichen Aktivitäten Aufmerksamkeit schenken, können wir solche Momente bewahren** und eine intensivere Verbindung zu unserem Leben herstellen.

Wir können uns mit der uns umgebenden Welt wieder verbinden – indem wir den Himmel über uns, die Erde unter unseren Füßen und die Menschen um uns herum wahrnehmen. Indem wir über unseren Tellerrand hinausschauen, **können wir den Blickwinkel erweitern, unter dem wir unser Leben und unseren Platz auf diesem Planeten betrachten.**

ACHTSAM ESSEN

Als kleines Kind pflegte ich sehr langsam zu essen. Das wurde anders, als ich aufs Internat kam; wollte man dort beim Essen einen Nachschlag haben, musste man schnell sein, und überdies waren die Mahlzeiten eher eine Zeit für Unterhaltungen als zum Genießen des Essens. Dies hatte zur Folge, dass ich mir bald angewöhnt hatte, schnell zu essen, ohne dem Essen besonders viel Beachtung zu schenken.

Der Magen braucht ungefähr 20 Minuten, um dem Gehirn zu melden, dass wir satt sind – essen wir zu schnell, kommt diese Nachricht erst dann an, wenn wir bereits zu viel gegessen haben.

Achtsam zu essen zeigt uns, wie einfach es sein kann zu meditieren.

Überdies schmecken wir unser Essen nicht richtig, wenn wir zu schnell essen; um uns seiner Beschaffenheit völlig bewusst zu werden, müsste es länger im Mund bleiben. Ähnlich verhält es sich, wenn wir essen mit anderen Tätigkeiten kombinieren. Mit Achtsamkeit zu essen gemahnt uns auch daran, wie einfach es sein kann zu meditieren – es ist wirklich etwas, das jeder leicht umsetzen kann.

DEM VORGANG DES ESSENS NEUGIER ENTGEGENBRINGEN

Probieren Sie Folgendes:

Achtsam essen kann man am besten schweigend, wobei man natürlich auch mit anderen gemeinsam essen kann, sofern auch sie schweigen. Unser Schweigen erinnert uns daran, dass wir etwas auf andere, unübliche Weise tun.

Schweigen ist häufig wie ein „Ein"-Schalter. Ohne die Unterbrechungen durch Reden und Zuhören, schenken wir dem, was wir essen, ganz selbstverständlich Aufmerksamkeit und essen demzufolge langsamer. Wir stellen fest, wie der Körper in Erwartung des nächsten Bissens reagiert. Wir kauen unser Essen und schlucken es nicht mehr nur automatisch. Vielleicht spüren wir, wie sich der Magen ausdehnt und wir mit jedem Bissen satter werden. Zwischen den Bissen halten wir inne. Wir werden uns der knackigen Beschaffenheit der Möhre bewusst, der Saftigkeit der Tomate, des feinen Aromas eines Gewürzes …
Wir werden uns dessen bewusst, was wir essen.

* Was sehen Sie?
* Was riechen Sie?
* Wie fühlt es sich an?
* Was hören Sie?
* Was schmecken Sie?

Indem wir uns dessen **bewusst werden, was wir uns zum Munde führen,** beginnen wir, bewusste Entscheidungen zu treffen. Wenn wir uns darauf konzentrieren, unser Essen zu schmecken, möchten wir, dass es möglichst gut schmeckt. **Wir nehmen wahr, wie wir uns nach dem Verzehr bestimmter Speisen fühlen** und es zieht uns ganz natürlich zu den Lebensmitteln, die uns Energie liefern, statt uns träge zu machen. Außerdem werden wir uns des Augenblicks bewusst, in dem wir wählen und nach etwas greifen – was uns die Möglichkeit gibt, innezuhalten und **die bewusste Entscheidung zu treffen, was wir essen.**

Konzentrieren Sie sich darauf, Ihr Essen zu schmecken, auf den Augenblick Ihrer Wahl ...

TEE TRINKEN

Wenn wir uns **eine Unterbrechung gönnen, um einen Tee oder Kaffee zu trinken,** ist dies häufig nicht die erholsame Pause, die wir uns erhofft haben, sondern eher eine Gelegenheit, im Geiste unsere „To-do"-Liste durchzugehen oder irgendwelche zwischenmenschlichen Probleme noch einmal Revue passieren zu lassen.

Der vietnamesische Meditationslehrer Thich Nhat Hahn schlägt vor, **Tee zu trinken, um des Teetrinkens willen** (es kann natürlich auch ein anderes Getränk sein).

Probieren Sie Folgendes:

Setzen Sie sich und seien Sie ganz bei Ihrer Tasse Tee. Untersuchen Sie den Tee mit Ihren Sinnen … spüren Sie die Wärme der Tasse in Ihren Händen … atmen Sie den Duft der Blätter ein … stellen Sie fest, welche Farbe die Flüssigkeit hat …

Nehmen Sie bewusst die Bewegung wahr, mit der Sie die Tasse an die Lippen führen, und beobachten Sie, ob Sie in Vorfreude physische Reaktionen haben … erkunden Sie den Geschmack … stellen Sie fest, ob er angenehm ist und Ihnen ein „Aaah“ entlockt oder eher ein widerwilliges Schaudern. Denken Sie daran, dass wir nicht versuchen, eine bestimmte Erfahrung zu machen, sondern einfach nur bei dieser Erfahrung verweilen …

Wann immer Ihr Geist sich von Gedanken ablenken lässt (was geschehen wird), stellen Sie einfach fest, wohin er abgedriftet ist und kommen Sie freundlich und behutsam zum Körper und Ihren Empfindungen zurück.

WIRKLICH TEE TRINKEN

MIT WEM DUSCHEN SIE?

Die meisten Menschen **verbringen einen Großteil ihrer Zeit mit Gedanken an die Vergangenheit oder Zukunft,** weshalb sie der Gegenwart keine Aufmerksamkeit schenken. Wenn man beständig seine „To-do"-Liste durchgeht oder daran denkt, wie man die Dinge hätte anders machen können, **hält man den Körper in einem Zustand der erhöhten Wachsamkeit und manchmal auch der Sorge.**

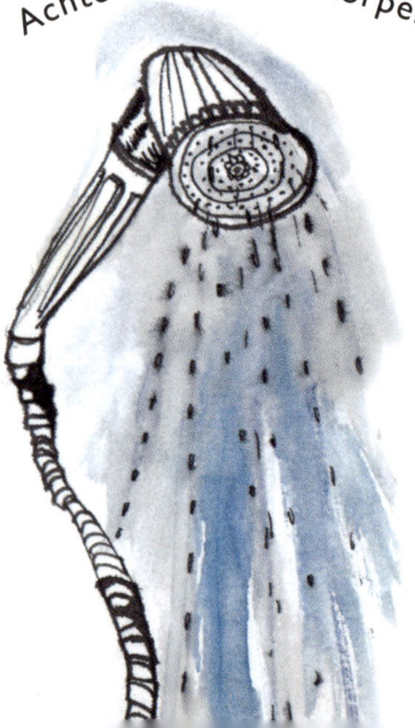

Achten Sie auf die körperlichen Empfindungen beim Duschen …

… wie das Wasser über die Haut rinnt,

auf die Temperatur des Wassers …

Probieren Sie Folgendes:

Wenn Sie morgens duschen, nehmen Sie sich einen Augenblick Zeit um festzustellen, wer „sich dazugesellt hat". An wen denken Sie – an Ihren Chef oder die Kollegen, vielleicht an jemanden, den Sie später am Tag noch sehen werden oder auch an jemanden, mit dem Sie gestern gesprochen haben. Es könnten Ihr Partner, Ihre Kinder oder Ihre Eltern sein, Ihr Nachbar von nebenan … Wie viele Leute sind mit Ihnen in der Dusche?

Fokussieren Sie sich auf die physischen Empfindungen beim Duschen … wie das Wasser über ihre Haut rinnt … auf die Wassertemperatur … oder wie die Seife zwischen ihren Fingern schäumt. Nehmen Sie Notiz davon, wenn in Ihnen ein Gefühl des Wohlbehagens aufkommt oder vielleicht auch eines des Verdrängens oder des Widerwillens. Man kann beim Duschen selbstverständlich nichts falsch machen, und ob wir uns nun morgens dadurch beleben, dass wir uns einfach die Haare waschen, oder uns an einem heißen Tag mittags abkühlen – wir möchten dem Vorgang des Sich-Duschens unsere volle Aufmerksamkeit widmen.

TIPP Festzustellen, wer regelmäßig in der Dusche auftaucht, kann Ihnen hilfreiches Feedback darüber geben, was Sie zu einem bestimmten Zeitpunkt beschäftigt.

DEN ABWASCH MACHEN UM DES ABWASCHS WILLEN

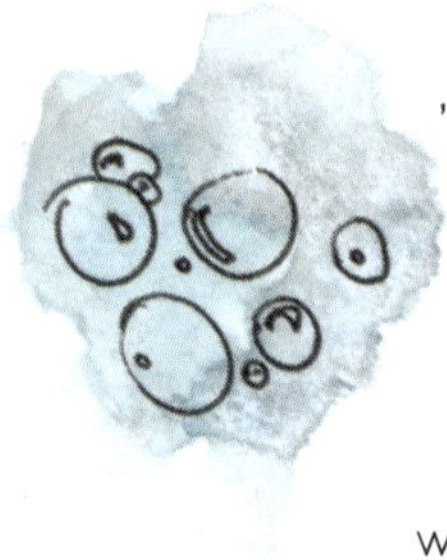

Der Meditationslehrer Thich Nhat Hahn schreibt vom „Geschirrspülen, um das Geschirr zu spülen" – was heißt, **einer Tätigkeit, die als langweilig gilt, unsere ganze Aufmerksamkeit zu widmen.** Thich Nhat Hahn sagt, dass wir das Geschirrspülen häufig zu hastig erledigen, um zum Ergebnis zu gelangen (sauberem Geschirr) und uns dann vielleicht mit einer Tasse Tee zu belohnen. Wenn wir uns dann zum Teetrinken hinsetzen, tun wir dies oft, ohne den Tee wirklich zu genießen, da wir unsere Aufmerksamkeit bereits einer anderen Sache zugewandt haben.

Wenn wir uns auf das konzentrieren, was wir gerade tun, entwickeln wir häufig ein Interesse daran. Ich habe festgestellt, dass die Art und Weise, wie ich eine Tätigkeit angehe, meine Beziehung zu ihr prägt. Wenn ich gezwungen bin oder mich verpflichtet fühle, etwas zu tun, grolle ich innerlich und wehre mich dagegen. Doch sobald ich **die bewusste Entscheidung treffe, eine Handlung auszuführen** – selbst wenn es sich um etwas handelt, das ich gar nicht tun möchte – gehe ich mit einer anderen Einstellung an sie heran, und **was als nächstes geschieht, wird davon beeinflusst.**

„Sie können all den Tätigkeiten, die Sie regelmäßig ausführen, ohne ihnen Beachtung zu schenken, eine ähnlich bewusste Wahrnehmung entgegenbringen – etwa dem Zähneputzen, dem Anziehen, dem Rasieren … Mit der Zeit neigt man dazu, diese Tätigkeiten nicht mehr bewusst wahrzunehmen. Um das zu ändern, führen Sie die Handlung doch einmal anders aus, vielleicht langsamer oder im Ablauf verändert, etwa die Reihenfolge, in der Sie Ihre Zähne putzen. Setzen Sie Ihre Sinne ein, um die Handlung zu erkunden. Sie müssen nicht mehr Zeit darauf verwenden als sonst, doch indem Sie die Tätigkeit anders ausführen, können Sie verlorene Momente Ihres Lebens zurückgewinnen."

Probieren Sie Folgendes:

Wählen Sie eine Haushaltstätigkeit, die Sie normalerweise langweilig finden, vielleicht Geschirrspülen oder den Müll hinausbringen oder dergleichen.

Achten Sie einen Moment darauf, was Sie fühlen … sind da irgendwelche Empfindungen im Körper? Ist da irgendwo eine Verspannung oder Anspannung? Welche Gedanken haben Sie? Tauchen irgendwelche Gefühle auf? Registrieren Sie, was auch immer da sein mag, und erkennen Sie es an, indem Sie in Gedanken sagen: „Ich nehme dich wahr."

Treffen Sie die bewusste Entscheidung, die gewählte Tätigkeit auszuführen, selbst wenn Sie keine Lust dazu haben, und bekennen Sie sich zu der Wahl, die Sie treffen, auch wenn Sie nicht die Erwartung haben, sich an ihr zu erfreuen.

Führen Sie die Tätigkeit aus … und achten Sie dabei auf die Empfindungen im Körper und auf die Geschichten, die Sie sich selbst während der Handlung erzählen.

Immer wenn Sie das Gefühl haben, lieber irgendwo anders zu sein oder etwas anderes zu tun, konzentrieren Sie sich einfach wieder auf diesen Augenblick, auf die gegenwärtige Handlung. Sie müssen keinen Spaß an ihr haben, seien Sie einfach bei der Sache.

Anschließend denken Sie über Ihre Erfahrung nach.

SPORT UND FREIZEITAKTIVITÄTEN

Viele Sportler und Sportlerinnen verwenden die **Achtsamkeitspraxis,** da sie ihnen **hilft, sich zu konzentrieren und fokussieren.** Ich habe die Achtsamkeit in viele Bereiche meines Lebens einziehen lassen und **oft unerwarteten Nutzen daraus ziehen können.** Im Folgenden ein Beispiel, das die Vorteile von Achtsamkeit im Sport veranschaulicht und als Leitfaden dienen kann, wobei die Grundsätze auf jede Freizeitbeschäftigung anwendbar sind.

LAUFEN

Mit dem Laufen fing ich nach der Lektüre von Danny Dreyers *Chi Running: Die sanfte Revolution der Laufschule* an und habe erkannt, dass ich **Achtsamkeit dazu nutzen kann, das Laufen zu einer Meditationsübung werden zu lassen.** In *Chi Running* liegt der Fokus auf dem Körper und seiner Haltung, wobei man der Körperhaltung Beachtung schenkt und sie anpasst, um Verletzungen zu vermeiden. **Es ist ein schrittweiser Prozess,** der auf dem Stand startet, den Sie jetzt haben. Obwohl ich mehr oder weniger Anfängerin bin, bin ich jetzt begeistert vom Laufen. Ich liebe das Gemeinschaftsgefühl, das mir das Laufen durch den Londoner Hyde Park verschafft, bei dem ich immer wieder dieselben Gesichter sehe; die Stadt verliert ihre Anonymität. **Ich habe das Gefühl, mit der Stadt verbunden zu sein,** laufe an der King's Troop, der königlichen berittenen Artillerie, auf ihrem Weg zur Wachablösung vorbei, an Touristen, die Stadtpläne studieren, und ich begegne Marathonläufern, die ihr Trainingspensum absolvieren. Ich mag es, Wind und Wetter auf meinem Gesicht zu spüren. Ich genieße es zu sehen, zu was mein Körper imstande ist, und auch wenn ich langsam bin, gehe ich doch bis an meine Grenzen heran und **erkenne, dass jeder „Lauftag" anders ist als der letzte.** Ich habe gelernt, wie wichtig es ist, auf meinen Körper zu hören, um das Verletzungsrisiko zu verringern.

Probieren Sie Folgendes:

Auf unser Erfahren zu achten heißt, unseren Empfindungen, Gedanken und Emotionen Beachtung zu schenken. Wie führen Sie Ihre Freizeitaktivitäten aus? Machen Sie sich selbst das Leben schwer, weil Sie nicht schnell genug laufen, kein Meisterwerk geschaffen haben oder eine Masche haben fallenlassen? Welche Gefühle stellen sich ein? Welche körperlichen Empfindungen haben Sie?

Führen wir eine Aktivität achtsam aus, dann machen wir uns davon frei, ein bestimmtes Ergebnis erzielen zu wollen und konzentrieren uns stattdessen auf den Vorgang. Uns derart selbst aus der Verantwortung zu nehmen, bedeutet paradoxerweise oft, dass wir entspannter sind und somit eher dazu in der Lage, eine andere Erfahrung zu machen und bessere Ergebnisse zu erzielen. Aber vielleicht noch wichtiger ist es, dass wir höchstwahrscheinlich eine erfüllendere Erfahrung machen werden und uns dessen, was in unserem Körper vorgeht, bewusster werden, was sowohl bei der Vermeidung von Verletzungen als auch in puncto Technik hilfreich ist.

„Experimentieren Sie. Vielleicht führen Sie die gewählte Tätigkeit an einem Tag einfach durch wie üblich, und am nächsten Tag mit Achtsamkeit. Halten Sie in beiden Fällen Ihre Erfahrungen fest und reflektieren Sie darüber. Was können Sie aus Ihren Beobachtungen lernen?"

EINE MAHLZEIT ZUBEREITEN

Indem wir dem Essen bei seiner Zubereitung Aufmerksamkeit widmen, können wir **eine Routinetätigkeit in eine Sinneserfahrung verwandeln.** Verwenden Sie bei der folgenden Übung am besten frische Zutaten, die den Sinnen Nahrung geben.

Probieren Sie Folgendes:

Sie können mit der Übung beginnen, wenn Sie die Zutaten zu Ihrem Gericht einkaufen. Nehmen Sie die Farben und Gerüche des Gemüses und des Obstes wahr, etwa den intensiven Duft frischer Kräuter. Ertasten Sie die unterschiedliche Oberflächenstruktur. Achten Sie darauf, ob in Ihnen eher ein Gefühl von „Mm, wie lecker …" aufkommt oder eines der Ablehnung: „Igitt … das ist nicht nach meinem Geschmack." Nehmen Sie dabei wahr, wie sich diese unterschiedlichen Empfindungen anfühlen, statt zu bewerten, ob sie gut oder schlecht sind.

Sobald Sie bereit sind, Ihr Essen zuzubereiten, konzentrieren Sie all Ihre Aufmerksamkeit auf das, was Sie gerade tun. Schalten Sie Fernseher oder Radio aus, vermeiden Sie Gespräche mit anderen – schenken Sie dem Zubereiten des Essens Ihre ungeteilte Aufmerksamkeit. Öffnen Sie Ihre Sinne dem Erfahren des Zerkleinerns, des Hackens, Schneidens und Würfelns. Wann immer Ihr Geist abschweift, nehmen Sie einfach zur Kenntnis, wohin er gewandert ist und geleiten Sie ihn zurück.

Bereiten Sie Ihre Mahlzeit so zu, als schüfen Sie ein Kunstwerk … mischen Sie Farben, Texturen, Geschmäcke und Gerüche miteinander.

DANN SETZEN SIE SICH, ESSEN UND GENIESSEN.

DANKEN

Indem man sich all dessen, was in unserem Leben gut ist, bewusst wird, kann man positive Gefühle von Wohlbefinden entwickeln. Wir können unseren **Dank auf die Menschen ausweiten, die uns auf positive Weise beeinflusst haben.** Dazu können Eltern, Lehrer und Freunde gehören sowie Ärzte und Krankenschwestern oder der Fremde, der Ihnen einen Weg erklärt hat. **Vermittels dieser Übung können Sie sich mit Personen verbinden,** die Ihnen auf irgendeine Weise einen Dienst erwiesen haben und ihren Dank verdienen.

Probieren Sie Folgendes:

Diese Übung können Sie an einem abgeschiedenen Ort oder auch im Bus oder Zug durchführen. Setzen Sie sich bequem hin und erinnern Sie sich an jemanden, dem Sie dankbar sind. Vielleicht hat der oder die Betreffende etwas Bestimmtes für Sie getan oder Sie unterstützt oder Ihr Leben auf irgendeine Art beeinflusst. Stellen Sie sich diesen Menschen vor, öffnen Sie Ihr Herz und senden Sie ihm Ihre Zuneigung und Dankbarkeit. Sie können sich hierfür eigene Formulierungen ausdenken oder sich einfach bedanken, „Danke für …" oder „Danke dafür, Teil meines Lebens zu sein".

Dann bringen Sie sich eine andere Person in Erinnerung und wiederholen die Übung. Dehnen Sie sie auf so viele Leute aus, wie Sie mögen, je nachdem, wie viel Zeit Sie zur Verfügung haben.

Führen Sie ein Dankbarkeitstagebuch und notieren Sie sich am Abend kurz, wem und für was Sie an diesem Tag dankbar waren. Bleiben Sie dabei kurz und präzise. Diese Übung kann eine sehr große Wirkung entfalten, da sie uns mit den vielen kleinen Dingen im Leben verbindet, für die wir dankbar sein können.

DER WEITE HIMMEL

Als Kind legte ich mich gern flach auf dem Rücken ins Gras und **betrachtete den Himmel und die Wolken.** Ich spürte den Kontakt zur Erde, ihre Wärme sowie das Kitzeln der Grashalme auf meiner bloßen Haut. Ich weiß noch, wie ich **eine Verbundenheit zur Erde spürte und gleichzeitig die Weite des Himmels und des Universums empfand.**

Probieren Sie Folgendes:

Setzen, stellen oder legen Sie sich draußen irgendwo hin, wo Sie den Himmel gut sehen können. (Es macht nichts, wenn an den Rändern Gebäude oder Bäume in ihr Sichtfeld ragen.) Nehmen Sie sich ein paar Minuten Zeit, sich zu erden, und fühlen Sie, wie Sie durch Ihre Füße, Ihr Gesäß oder andere Berührungspunkte mit der Erde verbunden sind. Nehmen Sie wahr, wie es sich anfühlt, getragen zu werden.

Richten Sie die Augen gen Himmel und nehmen Sie wahr, was zu sehen ist … Wolken … Flugzeuge … Kondensstreifen … Vögel … Achten Sie darauf, ob Ihr Geist abschweift, und bringen Sie ihn in dem Augenblick, in dem Sie dessen gewahr werden, zurück zu dem Gefühl der Verbundenheit mit dem Boden und der Weite des Himmels. Öffnen Sie sich dem Himmel … diesem Himmel, der sich über Land und Meer erstreckt, über Länder und Kontinente … diesem Himmel, der keine Grenzen hat. Versuchen Sie dabei, das Gefühl der Verbundenheit zur Erde aufrechtzuerhalten.

SICH DEM UNIVERSUM ÖFFNEN

In unserer lichtverschmutzten Welt hat man nicht oft Gelegenheit, **die unermessliche Weite eines wirklich dunklen Nachthimmels wahrzunehmen.** Die Grenzen unserer Welt können uns eng und einschränkend vorkommen. Wenn die Lichter der Nachbarn aufleuchten und Unterschiede betonen und Grenzen kennzeichnen, werden auch die Begrenzungen unserer Welt hervorgehoben.

Probieren Sie Folgendes:

Um sich mit der Weite der Welt zu verbinden, ergreifen Sie jede sich bietende Möglichkeit, sich hinzusetzen oder, besser noch, sich auf den Boden zu legen und geradewegs in den Nachthimmel hinaufzuschauen.

Fühlen Sie unter sich die Erde, die Sie hält und trägt … atmen Sie ein … und aus … und lassen Sie zu, gehalten und getragen zu werden … auf dieser Erde verwurzelt … sicher in diesem Augenblick … und doch durch die Weite des Universums treibend.

Einatmen … ausatmen … Dehnen Sie Ihr Bewusstsein auf all das aus, was in Ihr Blickfeld gerät … die Lichter eines Flugzeugs … das Leuchten eines vorbeiziehenden Satelliten … lassen Sie jegliche Geschichten oder Gedanken los, die in Bezug auf sie in Ihnen aufkommen.

Einatmen … ausatmen … Dehnen Sie Ihr Bewusstsein weiter auf all die Sterne aus … die Planeten … Galaxien … einatmen … ausatmen … Saugen Sie das Dunkel der Nacht des Weltraums ein … baden Sie im Licht der Sterne.

Fühlen Sie die Erde unter sich … atmen Sie mit der Erde … einatmen … ausatmen … verbinden Sie sich mit dem Erdboden … verbinden Sie sich durch die Zeit … quer durch unsere Galaxie … verbinden Sie sich mit dem Universum … im Einklang mit der Welt.

„SEHEN – ZEICHNEN"

Meiner Erfahrung nach **gibt es viel, was das Zeichnen mit der Meditation verbindet.** Um etwas exakt zeichnen zu können, müssen Sie sehen, was tatsächlich da ist, und dürfen nicht das zeichnen, von dem Sie glauben, es sei da. Schenken Sie dem Motiv Aufmerksamkeit und schauen Sie genau hin. **Je mehr Sie schauen, umso mehr sehen Sie.** Wenn Sie den Verstand beiseitelassen, können Sie einen Zustand erlangen, in dem **sich die Zeichnung selbst zeichnet,** es kein „Ich" gibt, nur Striche oder Formen. Wir erkennen, dass alles unseres Interesses wert ist und durch das „Sehen – Zeichnen" seine ganz eigene Schönheit entfaltet.

Probieren Sie Folgendes:

Zum Ausprobieren dieser von Kimon Nicolaïdes entwickelten Übung im blinden Umrisszeichnen benötigen Sie keinerlei Erfahrung im Zeichnen. Nehmen Sie einen Zeichenstift und ein Stück Papier und suchen Sie sich etwas, das Sie zeichnen möchten – ein zusammengeknülltes Papiertaschentuch, eine Feder, eine Blume.

Legen Sie das Papier vor sich auf den Tisch, Ihre Hand mit dem Stift darüber. Ihren Kopf haben Sie abgewandt und schauen auf das Motiv.

Betrachten Sie den Gegenstand zunächst in seiner Gesamtheit und erfassen dann eine seiner Begrenzungslinien. Lassen Sie Ihr Auge ganz langsam an dieser Kante entlangwandern und bewegen Sie dabei gleichzeitig den Stift. Lösen Sie den Stift nicht vom Papier. Kümmern Sie sich nicht darum, was der Stift tut, wenden Sie sich nicht vom Motiv ab und blicken Sie nicht auf die Zeichnung.

Fahren Sie fort, so lange Sie können, mindestens fünf Minuten (wenden Sie den Kopf nicht zur Zeichnung) … ganz langsam, als wären Sie eine Ameise, die an dem Objekt entlangläuft; spüren Sie, wie die Linie ihre Richtung ändert, sich dreht und windet.

Man kann diese Übung nicht *zu* langsam durchführen. Wohin auch immer Ihr Auge dem Umriss folgt, folgt ihm der Stift. Selbst wenn Ihre Zeichnung am Ende nicht annähernd so aussehen wird wie das Motiv, werden Sie die Erfahrung gemacht haben, das Objekt auf eine völlig neue Art zu sehen.

Probieren Sie Folgendes:

Die zweite „Sehen – Zeichnen"-Übung ähnelt der ersten, doch diesmal lassen wir unsere Aufmerksamkeit zwischen Papier und Motiv hin und her wechseln.

Beginnen Sie mit etwas Einfachem, wie einem Blatt. Nehmen Sie Ihre Zeichenposition ein, halten Sie den Gegenstand in der Hand und betrachten Sie ihn einfach. Schauen Sie und schenken Sie ihm Aufmerksamkeit. Nach ein paar Minuten legen Sie ihn unmittelbar neben das Papier, halten den Stift bereit, schließen die Augen und stellen sich den Gegenstand vor Ihrem geistigen Auge vor.

Öffnen Sie die Augen und sehen Sie sich den Gegenstand abermals an. Schauen Sie genau hin und beginnen Sie dann, mit der Augenbewegung zusammen auch Ihren Stift zu bewegen. Ihr Stift ist die Verlängerung Ihrer Sinne – er bewegt sich, als ob Sie das Objekt berühren würden, wenn Sie seinen Konturen folgen, seinen Einbuchtungen nachspüren, ihn hin und her führen.

Sie zeichnen nur, was Sie sehen. Machen Sie sich von jeglicher Wertung dessen frei, was Sie zeichnen. Wenn Ihre Aufmerksamkeit abschweift, hören Sie auf. Bewegen Sie den Stift nur dann, wenn Ihr Auge sich über das Objekt bewegt.

DAS GUTE SEHEN

Unser entwicklungsgeschichtlicher Überlebensmechanismus ist darauf ausgerichtet, schlechte Erfahrungen zu speichern, damit sie uns zukünftig vor Gefahren warnen können, wohingegen angenehme Erfahrungen keinem solchen Zweck dienen und daher verworfen werden. Unser Denken und Fühlen bewegt sich oft in einem **Schwarz-Weiß-Schema.** Wir dramatisieren, sagen „Ich hatte einen schrecklichen Tag“ und kleistern den ganzen Tag mit Negativität zu, **obwohl sich jeder Tag in Wirklichkeit aus einer Vielzahl von Erfahrungen zusammensetzt**. Wenn wir es schaffen, **positiven Erfahrungen Beachtung zu schenken** und sie uns einige Augenblicke lang vergegenwärtigen, wird unser Gedächtnis sie eher speichern, als sie in Vergessenheit geraten zu lassen. Ein zusätzlicher Nutzen ist, dass das Beachten einer positiven Erfahrung just in dem Moment, in dem wir sie machen, unser Leben bereichert.

Probieren Sie Folgendes:

Nehmen Sie sich vor, auf all die angenehmen Erfahrungen zu achten, die Sie heute machen. Es werden vorwiegend kleine Dinge sein, etwa zu bemerken, wie sauber und frisch die Luft riecht, wenn Sie ein muffiges Zimmer verlassen, zu hören, wie ein Kind lacht, ein Lieblingslied im Radio läuft und so weiter.

Wenn Sie einer angenehmen Erfahrung gewahr werden, stellen Sie zunächst fest, wie sich das im Körper anfühlt. Wenn Sie Ihre Empfindungen beschreiben sollten, welche Worte oder Bilder würden Sie dafür wählen? Welche Gedanken nehmen Sie wahr? Welche Gefühle tauchen auf?

Denken Sie daran, dass wir nicht versuchen, positive Erfahrungen zu schaffen. Wir schenken lediglich all den positiven Erfahrungen Beachtung, die wir regelmäßig machen, aber meist ignorieren oder schnell wieder vergessen.

WAS AN MIR IN ORDNUNG IST

Wir neigen dazu, uns auf das zu fokussieren, was nicht in Ordnung ist – auf das, was wir nicht können, was wir verbessern oder verändern wollen etc. **Wie wäre es, einmal etwas ganz Anderes zu tun und bewusst darauf zu achten, was alles in Ordnung ist?** Diese Übung kann so lang oder kurz sein, wie Sie möchten. Sie können sie sowohl im Sitzen als auch im Liegen oder sogar beim Laufen durchführen.

Probieren Sie Folgendes:

Nehmen Sie sich Zeit, um sich auf die Empfindungen beim Atmen zu konzentrieren; verbinden Sie sich mit dem Boden … und finden Sie sich in Ihren Körper hinein.

Beginnen Sie mit dem Naheliegenden – den Dingen, die wir für selbstverständlich erachten – den Füßen, die uns tragen, unseren Händen, unserem Sehvermögen, unserem Gehörsinn, unserem Geschmackssinn. Es mag hilfreich sein, einmal einen Body-Scan durchzuführen … bei den Füßen beginnend tasten Sie sich nach oben, wobei Sie ganz nach Belieben mehr oder weniger ins Detail gehen können.

Achten Sie darauf, welche Gedanken und Emotionen aufkommen, wenn Sie Ihre Wahrnehmung nacheinander auf die einzelnen Körperteile fokussieren. Selbst wenn Ihr Körper nicht eben perfekt funktioniert oder Sie vieles an ihm nicht mögen, stellen Sie einfach fest, was Sie mit ihm tun können, sei es auch noch so unbedeutend.

Beginnen Sie stets mit den einfachsten Dingen, die Sie tun können, beispielsweise wesentliche Fertigkeiten, die Sie tagtäglich einsetzen. Diese Übung ermöglicht es Ihnen zu realisieren, dass **es in Ihrem Leben viel Gutes gibt oder zumindest vieles, was in Ordnung ist**, selbst wenn Ihr Leben gerade von Problemen überschattet ist.

Kapitel 4

KONTAKT HERSTELLEN

Meditieren wird oft als ein einsames Unterfangen angesehen. **Die Achtsamkeitsmeditation kann jedoch viel dazu beitragen, Ihre privaten und beruflichen Beziehungen zu verbessern.**

Achtsamkeit hilft uns dabei, unsere **Denk- und Verhaltensmuster klarer zu erkennen, wodurch sie auch leichter zu verändern sind.** Wenn wir uns also die Zeit nehmen, Fertigkeiten zu üben, die uns dabei helfen, auf die Dinge einzugehen, weniger abgelenkt und präsenter zu sein, kann dies allen, mit denen wir Kontakt haben, nur zuträglich sein.

Bei den Übungen in diesem Abschnitt geht es darum, unsere Beziehungen zu verbessern: zu den Menschen in unserer Umgebung und zu uns selbst. **Wenn wir nicht in der Lage sind, uns selbst gegenüber Güte und Mitgefühl zu zeigen, wie sollen wir diese dann anderen Menschen entgegenbringen?** Die Übungen zur „Liebenden Güte" auf den Seiten 128–139 können dabei helfen, dieses Gleichgewicht wiederherzustellen.

Wir stehen alle ständig in Beziehung zu anderen, seien es nun nahestehende Personen oder Fremde, die in der Straße an uns vorübergehen; **jede unserer Interaktionen hat eine Auswirkung und betrifft viele Menschen in unserer Umgebung.** Durch Achtsamkeitsübungen können wir darauf hinarbeiten, dass unsere Interaktionen positivere Auswirkungen haben, sowohl für uns als auch für andere.

SIE UND IHR BABY

In der Schwangerschaft Achtsamkeit zu praktizieren, kann besonders hilfreich sein. In dieser Zeit v**erändert sich Ihr Körper in vielerlei Hinsicht, und wahrscheinlich machen Sie sich Gedanken über die wohl recht stressig werdende Zukunft.** Es kann von Nutzen sein, vor der Geburt achtsames Atmen zu üben. Die folgende Übung eignet sich gut dazu, sich mit Ihrem Baby und Ihrem Körper zu verbinden.

„Falls Sie diese Übung gemeinsam mit Ihrem Partner durchführen wollen, können Sie sich nebeneinander setzen oder legen; beide legen jeweils eine Hand auf den Bauch des Partners."

Probieren Sie Folgendes:

Legen oder setzen Sie sich bequem hin und richten Sie Ihre Aufmerksamkeit auf den Atem. Nehmen Sie sich ein paar Augenblicke Zeit, um sich auf die Stellen des Körpers zu konzentrieren, an denen Sie den Atem am stärksten wahrnehmen.

Legen Sie dann eine Hand auf den Bauch, um sich mit Ihrem Kind zu verbinden, und die andere aufs Herz. Konzentrieren Sie sich jetzt auf die Handinnenflächen. Nehmen Sie wahr, wie es sich anfühlt, die nackte Haut oder den Stoff zu berühren; werden Sie sich der Temperatur bewusst und spüren Sie, ob sich etwas bewegt …

Hegen Sie nicht die Erwartung, irgendetwas Bestimmtes zu spüren, wie zum Beispiel den Herzschlag des Babys oder Ihren eigenen; denken Sie daran, dass es hier bloß um den Prozess des Sich-miteinander-Verbindens geht.

ELTERNÜBUNG

Eltern finden für formale Übungen oft kaum Zeit, doch Kinder bieten glücklicherweise endlose Gelegenheiten zu informellen Übungen. Ob sie nun mitten in der Nacht mit einem weinenden Baby oder einem renitenten Teenager konfrontiert sind – Eltern kennen Gefühle der Frustration und des Ärgers nur zu gut. In solchen Augenblicken kann Achtsamkeit sowohl Ihnen als auch Ihrem Kind zugutekommen.

Probieren Sie Folgendes:

In schwierigen Situationen sollten Sie innehalten und eine Pause machen. Dies kann zuallererst helfen, eine automatische, womöglich unpassende Reaktion zu verhindern; die folgende Übung wird darüberhinaus zur Klärung Ihrer eigenen Gefühle beitragen.

Wenden Sie sich Ihrem Körper zu und richten Sie Ihre Aufmerksamkeit auf jegliche Empfindungen, die Sie haben; seien Sie neugierig auf das, was da aufkommt, aber machen Sie sich davon frei, das „Warum" analysieren zu müssen.

Als Nächstes stellen Sie fest, welche Emotionen sich einstellen; benennen Sie sie. Häufig ist es mehr als nur ein Gefühl. Hinter Ärger kann sich z. B. Angst verbergen.

Werden Sie dann der Geschichten gewahr, die Sie sich selbst erzählen – vom „schlechten Elternteil", dem „missratenen Kind" etc. ... bekennen Sie sich zu dem, was Sie gerade fühlen, selbst wenn es Ihnen unangebracht erscheint oder Sie sich schlecht vorkommen, weil Sie Ihr Kind in diesem Augenblick nicht wirklich mögen.

Seien Sei bezüglich all dem, was auftaucht, ehrlich, nehmen Sie seine Präsenz zur Kenntnis und atmen Sie mit ihr; lassen Sie den Atem den Körper erfüllen.

Gestehen Sie sich beim Atmen zu, Ihre Emotionen zu spüren, und nehmen Sie zur Kenntnis, dass Sie Ihr Kind trotz Ihrer momentanen Gefühle lieben. Lassen Sie sich von Ihrem Atem tragen und gestatten Sie Ihren widersprüchlichen Gefühlen, nebeneinander zu existieren. Erkennen Sie Ihre Verletzlichkeit an, Ihre Schwäche, Ihre Bemühungen und abermals Ihre Liebe zu Ihrem Kind.

DAS KLINGELNDE TELEFON

Das Geräusch eines klingelnden Telefons kann die unterschiedlichsten Emotionen hervorrufen, etwa wenn wir auf die Befunde einer Untersuchung warten oder auf das Ergebnis eines Bewerbungsgesprächs. **Der Klang eines Telefons kann eine Kettenreaktion aus Gedanken, Emotionen und physischen Empfindungen in uns auslösen,** und die wiederum beeinflussen unsere Reaktion auf das, was uns der Anrufer mitteilt.

Wenn wir uns in die Gegenwart begeben, bevor wir den Anruf entgegennehmen, uns seiner Wirkung bewusst werden und uns klarmachen, dass wir in einer bestimmten Weise fühlen, kann uns das dabei helfen, angemessen auf den Anruf zu reagieren, statt automatisch.

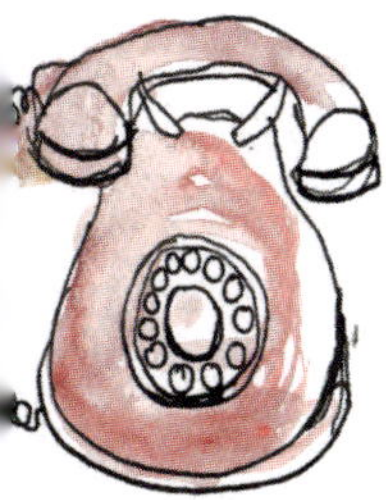

„Irgendwann haben wir alle schon einmal erfahren, wie störend das Geräusch eines klingelnden Telefons sein kann, das niemand abnimmt. Diese Übung können Sie anwenden, wenn ein fremdes Telefon klingelt: Achten Sie auf die Empfindungen im Körper sowie auf aufkommende Gedanken und Gefühle, nehmen Sie sie zur Kenntnis und ertragen Sie sie, so gut Sie können. Gestehen Sie dem Klingeln zu, einfach nur ein Geräusch zu sein."

Probieren Sie Folgendes:

Wenn Sie das Telefon klingeln hören, fragen Sie sich umgehend, was Sie in diesem Moment gerade fühlen. Prüfen Sie Ihre Gedanken, Emotionen und Körperempfindungen und benennen Sie sie (sagen Sie sich z. B.: „Da ist Angst".) Dann verlagern Sie Ihr Bewusstsein auf den Körper, entweder indem Sie sich mit dem Atem verbinden oder spüren, wie Ihre Füße mit dem Boden verbunden sind. Das Ganze dauert nur Sekunden. Erst dann nehmen Sie den Anruf entgegen. Wenn Sie einen schwierigen Anruf tätigen müssen, nehmen Sie sich davor einige Augenblicke Zeit für eine Atemübung wie die auf den Seiten 150–51 beschriebene.

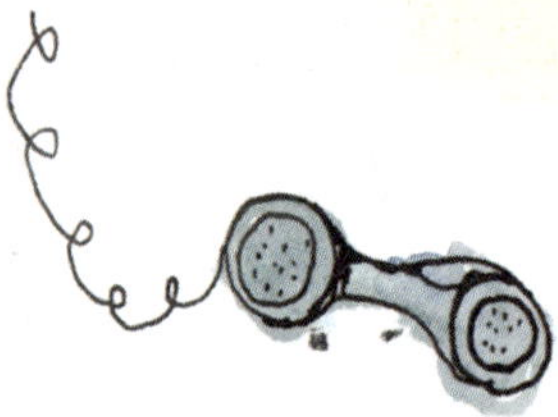

IN DER WARTESCHLEIFE

Am Telefon in der Warteschleife zu hängen, kann ziemlich frustrierend sein; möglicherweise empfinden wir es als beleidigend, es dauert viel zu lange, die Musik nervt etc. **Wenn wir diese Empfindungen verändern, können wir den Stress, der dadurch im Körper entsteht, verringern.** Können wir nicht, statt zu „warten", einfach nur in der Warteschleife „sein"? Warum sehen wir solche Augenblicke nicht einfach als eine Gelegenheit, bei uns selbst zu sein – ein paar Minuten, herausgelöst aus der Arbeit oder dem Privatleben, die uns die Möglichkeit geben, uns mit dem Körper und dem Atem in Einklang zu bringen, und uns gestatten, einfach zu sein … hier im Augenblick zu sein.

IM GESPRÄCH PRÄSENT SEIN

Wenn wir mit einer anderen Person kommunizieren, werden alle Arten von Informationen ausgetauscht – verbal und nonverbal. **Meistens** sind wir jedoch so erpicht darauf, unsere eigenen Ansichten zu vermitteln, dass wir **nicht mitbekommen, was der andere sagt.** Wir lassen ihn nicht zu Wort kommen und unterbrechen ihn oder hören nicht richtig zu, weil wir an eine Antwort denken, die vielleicht gar nicht mehr relevant ist. Zudem filtern wir vieles von dem heraus, was unser Gesprächspartner sagt, sodass **wir lediglich das hören, was unseren spezifischen Standpunkt oder unsere Geschichte bestätigt**. Die nonverbalen Hinweise, die uns ebenfalls gegeben werden, ignorieren oder bemerken wir nicht, weil unsere Aufmerksamkeit abgelenkt ist.

Wenn wir achtsam zuhören, hören wir voll und ganz zu: Wir lassen unser Gegenüber aussprechen und **hören wirklich, was gesagt wird, bevor wir antworten;** wir hören ebenso mit den Augen wie mit den Ohren, nehmen nonverbale Hinweise wahr und haben Blickkontakt. Zudem nehmen wir uns Zeit zum Antworten, damit wir **innehalten und feststellen können, welche Wirkung die Worte auf unseren Körper haben,** eine Information, die uns ein unschätzbares Feedback liefert.

Wenn wir achtsam zuhören, **fühlen wir uns mehr mit unserem Gesprächspartner verbunden, und dieser mehr mit uns.** Achtsam zuzuhören bedeutet, dass wir **ein viel klareres und zutreffenderes Verständnis dessen erlangen, was gerade gesagt wird, nicht zuletzt deshalb, weil wir uns auch unserer eigenen Geschichten und somit möglichen vorurteilsbehafteten Reaktionsmustern bewusst werden.** Diese eigenen Muster zu erkennen, ist der erste Schritt in Richtung einer Veränderung – falls es einer solchen bedarf.

Probieren Sie Folgendes:

Stellen Sie zunächst einmal fest, wie Sie üblicherweise an einem Gespräch teilnehmen. Auf welche Art hören Sie für gewöhnlich zu? (Bleiben Sie dabei stets freundlich und lernwillig, statt zu kritisieren und zu tadeln.) Achten Sie auch darauf, wie andere Menschen Ihnen zuhören. Sehen sie Sie dabei an? Führen sie andere Tätigkeiten dabei aus? Wie fühlen Sie sich, wenn Sie merken, dass die Person, mit der Sie sprechen, anscheinend nicht ganz bei der Sache ist?

Nun betrachten Sie, wie Sie sich fühlen, wenn jemand in einem Gespräch mit Ihnen voll präsent ist. Kommunizieren Sie mit anderen so, wie Sie möchten, dass diese mit Ihnen kommunizieren.

* Sobald Sie merken, dass Ihr Geist abschweift, bringen Sie ihn zum Zuhören zurück.

* Lassen Sie die andere Person ausreden. So werden Sie die ganze Geschichte hören, nicht nur einen Teil.

* Stellen Sie fest, ob Sie die Neigung verspüren, für die andere Person Angelegenheiten zu regeln oder zu verbessern, und prüfen Sie, ob Sie stattdessen nicht einfach nur für sie da sein können.

* Vermeiden Sie es, mehrere Dinge gleichzeitig zu machen, erledigen Sie jeweils nur eine Sache. Wenn Sie zuhören, hören Sie einfach nur zu.

* Studieren Sie keine Antworten ein. Sie werden besser antworten können, wenn Sie wirklich gehört haben, was gesagt wurde.

* Während einer Unterhaltung ist es jederzeit in Ordnung, innezuhalten, Luft zu holen und auf den Körper zu achten.

Sie möchten Gewohnheiten eines ganzen Lebens ändern – seien Sie sich selbst gegenüber also gütig, wenn Sie in einer Unterhaltung einmal dazwischenreden.

SEHEN

Ich zeichne gern Porträts, und wenn man jemandes Gesicht zeichnet, muss man **die Person wirklich anschauen und sie sehen.** Man bewertet nicht, wie lang eine Nase oder wie groß ein Ohr ist, sondern nimmt wahr, wie Linien zueinander ausgerichtet sind, in welchem Winkel sie zueinander stehen und so weiter. **Wenn man jemanden zeichnet, muss man nah herangehen, dann spürt man eine Verbindung.**

Bei der folgenden Übung wird nicht gezeichnet, sie erfordert jedoch ein genaues Hinschauen. Ihr Motiv kann ein Mensch sein, ein Haustier, eine Blume oder ein unbelebter Gegenstand, aber auch die Aussicht aus einem Fenster.

Probieren Sie Folgendes:

Nehmen Sie eine Position ein, von der aus Sie Ihr Motiv gut sehen können; setzen Sie sich bequem hin. Verbinden Sie sich mit Ihrem Atem und dann mit dem Körper.

Schauen Sie geradeaus auf Ihr Motiv. Schenken Sie allem Aufmerksamkeit, was in Ihr Blickfeld gerät. Verspüren Sie den Drang, Ihren Kopf auf der Suche nach etwas Interessanterem abzuwenden? Sollten Sie den Kopf wegdrehen, bringen Sie ihn auf die gleiche Weise zurück in die Ausgangsposition, auf die Sie auch Ihre Aufmerksamkeit zurückgeleiten, wenn der Geist abschweift. Registrieren Sie alle aufkommenden Gedanken, lassen Sie sie los oder benennen Sie sie, etwa mit „Werten", „Planen" …

Lassen Sie Ihren Blick auf dem Motiv ruhen, vielleicht auch darüber wandern, ohne den Kopf zu drehen … und werden Sie zwischendurch immer wieder Ihres Atems gewahr. Richten Sie Ihre Aufmerksamkeit abwechselnd mal da-, mal dorthin, so, wie es sich gut anfühlt. Beenden Sie die Übung, indem Sie sich auf den Atem fokussieren.

BERÜHREN

Dies ist eigentlich eine Begleitübung zu der vorangegangenen Seh-Übung, die Sie vor oder nach dieser durchführen können; sie eignet sich aber auch als eigenständige Übung. Sie brauchen dazu einen Gegenstand. Sie können alles Mögliche nehmen, am besten jedoch etwas Kleines, da Sie es mit den Händen erkunden werden.

Probieren Sie Folgendes:

Suchen Sie sich einen Gegenstand aus. Setzen Sie sich so davor, dass Sie ihn leicht erreichen können. Nehmen Sie eine bequeme Haltung ein (siehe Seite 38–41) und lenken Sie Ihre Aufmerksamkeit auf den Atem. Verbinden Sie sich mit den Empfindungen beim Atmen und mit Ihrem Körper. Schließen Sie die Augen und lassen Sie Ihre Aufmerksamkeit zu den Händen wandern … werden Sie Ihrer Finger und des Daumens einer Hand gewahr … und gehen dann zur anderen Hand über.

Belassen Sie die Aufmerksamkeit in Ihrem Körper, bewegen Sie Ihre Hände zu dem Gegenstand und senken Sie sie auf ihn herab, sodass die Fingerspitzen gerade eben mit seiner Oberfläche in Berührung kommen. Stellen Sie sich vor, Sie hätten keine Ahnung, was das für ein Gegenstand ist; untersuchen Sie ihn durch Ertasten. Wann immer Ihr Geist abschweift, bringen Sie ihn geradewegs zurück zu dem Gefühl, das die Berührung in Fingern und Daumen hervorruft.

Vielleicht möchten Sie den Gegenstand nach einer Weile gern in die Hand nehmen und in Gänze untersuchen, und dazu möglicherweise auch andere Sinne wie Gehör- und Geruchssinn einsetzen. Verbinden Sie sich mit dem Ursprung des Gegenstands, mit der Erde oder den Menschen, die ihn hergestellt haben.

Wenn Sie fertig sind, legen Sie den Gegenstand wieder hin. Kommen Sie mit Ihrer Aufmerksamkeit zurück zum Körper, insbesondere zu den Händen. Stellen Sie fest, wie sie sich jetzt anfühlen, nachdem sie mit dem Objekt Kontakt hatten.

SICH IN JEMAND ANDEREN HINEINVERSETZEN

Die westliche Kultur propagiert ein starkes Individualitätsbewusstsein, doch die meisten von uns sind irgendwelchen Gruppen zugehörig. **Eine solche Gruppe besteht im Extremfall nur aus dem „Ich“ in Abgrenzung zu „den Übrigen“, schließt üblicherweise aber Familie und Freunde im Sinne von „wir“ in Abgrenzung zu „ihnen“ ein.** Das Zugehörigkeitsgefühl kann auch weiter gefasst sein und sich auf die Nachbarschaft, eine Region oder das Land beziehen. Im Allgemeinen **steht das „ihnen“ für alle, die anders sind als wir.** Sich auf die Unterschiede zu fokussieren, stärkt unsere eigene Identität. Die Linie, die „uns“ von „ihnen“ trennt, ist jedoch häufig sehr dünn, und man kann viel gewinnen, wenn man sich **auf das konzentriert, was uns verbindet.**

Konzentrieren Sie sich auf das, was uns verbindet, statt auf das, was uns trenn

Probieren Sie Folgendes:

Setzen Sie sich an einen ruhigen Ort, wo Sie ungestört sind, und beginnen Sie die Übung damit, sich ein paar Augenblicke lang mit dem Atem zu verbinden (Seite 44–45 und 148–49). Dann bringen Sie sich jemanden in Erinnerung, dem Sie kürzlich begegnet sind, von dem Sie, aus welchem Grund auch immer, der Ansicht sind, er oder sie gehöre nicht zu Ihrer Gruppe. Achten Sie darauf, ob Ihr kritischer Verstand Ihre Entscheidung bewertet und beginnt, eine Geschichte zu erzählen; sollte dem so sein, lassen Sie ihn einfach gewähren.

Betrachten Sie vor Ihrem inneren Auge ein Bild dieser Person und stellen Sie die Merkmale fest, die Sie teilen – vielleicht tragen Sie beide ein Kleidungsstück von derselben Farbe oder vielleicht sogar das gleiche? Arbeiten Sie sich vom Kopf zu den Zehen vor, ermitteln Sie alles, was Sie mit dieser Person gemein haben – von der Geschlechtszugehörigkeit bis zu den Körperteilen, von der Kleidung bis zur Frisur.

STELLEN SIE SO VIEL FEST, WIE SIE KÖNNEN.

Als Nächstes stellen Sie sich die Person als kleines Kind vor … als jemandes Tochter oder Sohn … vielleicht als jemandes Schwester oder Bruder … wie es heranwächst und jemandes Freund wird … jemandes Partner … Mutter oder Vater … Großmutter oder Großvater.

Wir erfinden nichts zu dieser Person hinzu, wir nehmen sie einfach nur als einen Mitmenschen wahr, mit ähnlichem Beziehungsgeflecht, ähnlichen Hoffnungen und Ängsten, Freuden und Sorgen, wie wir sie haben. Genau wie wir alle ist sie bestrebt, ein glückliches Leben zu führen.

Versetzen Sie sich jetzt in diese Person hinein … stellen Sie sich vor, buchstäblich in ihrer Haut zu stecken. Wie mag sich das anfühlen? Erstrecken Sie Ihre Aufmerksamkeit jetzt darauf sich vorzustellen, wie Sie das Leben leben, das diese Person führt. Welche Empfindungen kommen in Ihrem Körper auf … welche Emotionen … welche Gedanken?

ALTERNATIVE ÜBUNG

Diese Übung können Sie als informelle Übung durchführen, wenn Sie unterwegs sind. Machen Sie es sich zur Aufgabe, gezielt die Menschen wahrzunehmen, die Sie für gewöhnlich ignorieren. Häufig sind das Menschen, die uns auf irgendeine Art einen Dienst erweisen, etwa eine Kellnerin oder eine Kassiererin im Supermarkt. Für gewöhnlich haben wir keinen Blickkontakt mit ihnen und halten selten lang genug inne, um den Menschen hinter der äußeren Erscheinung zu sehen. Schauen Sie sie also wirklich an. Suchen Sie Blickkontakt, grüßen Sie sie. Stellen Sie sich vor, wie Sie den Job ausführen, den sie verrichten … wie würden Sie gern behandelt werden?

DIE ERDE UNTER UNS

Vor Kurzem habe ich eine Grünanlage besucht. Durch die feuchte Witterung war der Rasen saftig grün, ein samtig-weicher Flor, der förmlich danach schrie, barfüßig betreten zu werden. **Die Empfindungen, wenn warme Füße das kühle Gras berühren** und in das Weiche einsinken waren ein sensorisches Vergnügen. Es rief Erinnerungen an meine Kindheit wach, daran, wie mein Großvater ans Fenster klopfte, wenn ich es gewagt hatte, über seinen makellosen Rasen zu laufen … **Als Erwachsene kommen wir viel zu selten direkt mit der Erde in Berührung.**

Probieren Sie Folgendes:

Suchen Sie sich einen Ort, der sicher ist und frei von irgendwelchem Müll – einen Garten oder einen Park – und ziehen Sie Schuhe und Socken aus.

Stellen Sie sich in der Berghaltung hin (siehe Seite 57–59) und richten Sie Ihre Aufmerksamkeit auf Ihre Fußsohlen. Werden Sie sich des Kontakts Ihrer Füße mit dem Boden bewusst … der Empfindung des Gewichts, des Kontakts mit dem Gras, mit dem Erdboden, den Steinen, den Zweigen …

Stehen Sie still und seien Sie sich dessen bewusst, dass Sie stehen.

Dann heben Sie nacheinander beide Fersen an und setzen sie wieder ab.

Lösen Sie einen Zeh nach dem anderen vom Boden. Spüren Sie Ihre Füße: die Fußsohlen, die Fersen, die Zehen, das Fußgewölbe.

Seien Sie gewahr, wie Ihre Füße die Erde berühren … diese Erde, die sich unter uns dreht, und sich doch fest und unveränderlich anfühlt … diese Erde, die Familie, Freunde und Fremde auf einem Kontinent mit jenen auf einem anderen verbindet …

HAARE BÜRSTEN

Diese Übung können Sie an sich selbst, einem Freund, Partner, Kind oder vielleicht auch einem älteren Elternteil durchführen. **Es ist eine Methode, sich sowohl in emotionaler als auch physischer Hinsicht miteinander zu verbinden** und auch eine gute Übung, um in den Körper zu finden. Wenn Ihnen das lieber ist, muss derjenige, dem die Haare gebürstet werden, nicht wissen, dass Sie hierbei eine Übung ausführen.

Beim Haarebürsten können Sie sich auf die Handlung fokussieren, das Gewicht der Bürste in Ihrer Hand spüren … feststellen, wie sich die Aktion des Bürstens im Laufe der Zeit verändert … spüren, wie es sich anfühlt, wenn Haar Haut berührt … und dem Prozess des Haarebürstens Aufmerksamkeit widmen.

Machen Sie sich von dem Bedürfnis frei, die Anzahl der Bürstenstriche zu zählen, denn eine Zielvorgabe zu haben heißt, dass man versucht, das Ziel zu erreichen, wohingegen wir bei dieser Übung den Vorgang selbst erkunden.

Die Person, deren Haar Sie bürsten, kann die Empfindungen auf der Kopfhaut erkunden … des Nachklangs im ganzen Körper gewahr werden.

> *„In seinem Buch* Das Gehirn eines Buddha: Die angewandte Neurowissenschaft von Glück, Liebe und Weisheit *schreibt der Neuropsychologe Rick Hanson, dass Affen bis zu sechs Stunden am Tag mit gegenseitiger Fellpflege zubringen; man habe herausgefunden, dass die Interaktion dem die Fellpflege ausführenden Tier in puncto Stressabbau am meisten bringt."*

EINEN KREIS DER GÜTE SCHAFFEN

Jenen Menschen, die uns etwas bedeuten, Güte entgegenzubringen, kann eine eigenständige Sitzübung sein oder Teil einer längeren Übung. Sie kann informell an jedem ruhigen Ort durchgeführt werden, an dem es möglich ist, zu sitzen und ungestört nachzudenken.

Probieren Sie Folgendes:

Setzen Sie sich hin und nehmen Sie eine bequeme Haltung ein. Vielleicht nehmen Sie sich ein paar Augenblicke Zeit, um sich auf Ihren Atem einzustimmen und zur Ruhe zu kommen.

Denken Sie an jemanden, den Sie gernhaben – das kann Ihr Partner, ein Verwandter oder ein Freund sein, sogar ein geliebtes Haustier. Stellen Sie sich diese Person oder dieses Tier vor und malen Sie es sich vor Ihrem geistigen Auge aus; zeigen Sie ihm Ihre Liebe und bieten Sie Ihre guten Wünsche dar:

„Möge es dir gut gehen,

Mögest du glücklich sein,

Mögest du ohne Leiden sein."

(Sie können diese Sätze natürlich nach Belieben variieren.) Wiederholen Sie jeden Satz langsam und lassen Sie ihn nachklingen, wie das Geräusch eines Kiesels, der in einem Brunnen hinunterfällt …

Jetzt stellen Sie sich vor, Sie stünden neben der Person und hielten sich bei den Händen:

„Möge es uns gut gehen,

Mögen wir glücklich sein,

Mögen wir ohne Leiden sein."

Rufen Sie sich dann eine andere Person ins Gedächtnis, die Sie mögen, nehmen Sie sie in Ihren Kreis auf und wiederholen Sie den ganzen Vorgang.

Machen Sie so lange damit weiter, Ihrem Kreis Personen hinzuzufügen, wie Sie mögen, und vergessen Sie dabei nicht, auch sich selbst einzubeziehen.

Achten Sie auf alle aufkommenden Gedanken und Emotionen bezüglich der Auswahl, die Sie treffen, und beobachten Sie, wie diese im Körper nachklingen. Sollte da ein Gefühl der Anspannung sein, nehmen Sie sein Vorhandensein einfach zur Kenntnis und denken Sie daran, dass es an Ihnen ist zu entscheiden, wen Sie in Ihren Kreis aufnehmen.

Dies ist Ihre Übung. Sobald Sie mehr Erfahrung damit haben, können Sie mit der Übung zur „Liebenden Güte" weitermachen (siehe Seite 135–37). Sie zielt eigens auf Menschen ab, die uns aufregen, doch **am besten fängt man bei sich selbst und denjenigen an, die man gern hat.**

„Viele Menschen haben große Mühe damit, sich selbst Güte entgegenzubringen. Eine Möglichkeit, das Problem zu umgehen ist, sich selbst mit einzubeziehen, wenn Sie einer Gruppe von Menschen Gutes wünschen, besonders jenen, die Ihnen wichtig sind. „Mögen wir glücklich sein" kommt einem in Bezug auf Freunde und Familie durchaus angemessen vor, „Möge ich glücklich sein" hingegen nicht. Uns selbst als Bestandteil einer Gruppe Güte entgegenzubringen, ist leichter (siehe Seite 132–34)."

GÜTIG ZU SICH SELBST SEIN

Viele von uns sind sich selbst gegenüber eher gemein als gütig. **Unbarmherzig verurteilen wir uns selbst, haben unverschämt hohe Erwartungen an uns** und kennen kein Pardon, wenn wir sie nicht erfüllen. Jemanden, den wir gern haben, würden wir niemals so behandeln. **Uns selbst gegenüber gütig zu sein, ist eine unbezahlbare Praktik,** in der man sich nicht oft genug üben kann. Wenn man beim Ausführen von solchen Übungen nichts fühlt, ist das völlig in Ordnung. **Sie sollten nicht die Erwartung haben, etwas Bestimmtes zu fühlen,** sondern einfach mit der Übung fortfahren. So wie ein Same keimt und unter der Erde schon lange Wurzeln treibt, bevor wir auch nur das Anzeichen eines Triebes über dem Boden sehen, findet auch in unserem Innern eine Veränderung statt, noch bevor wir ein erkennbares Zeichen dafür wahrnehmen. **Wenn Sie diese Übung regelmäßig durchführen, werden Sie diese Veränderung bemerken.** Für gewöhnlich wird die Übung im Sitzen durchgeführt.

Probieren Sie Folgendes:

Setzen Sie sich so hin, dass Sie wachsam und doch entspannt sind, sich geerdet und stabil fühlen. Verbinden Sie sich als Erstes mit dem Atem. Richten Sie Ihre Aufmerksamkeit dorthin im Körper, wo Sie den Atem am meisten spüren. Denken Sie daran, dass der Atem Ihr Ausgangspunkt ist – der Punkt, an den Sie zu jeder Zeit zurückkommen können, wenn es schwierig werden sollte oder Sie den Faden verlieren.

Wenn Sie möchten, legen Sie sich eine Hand aufs Herz. Geben Sie sich einen Augenblick, um der Verbindung zwischen Handfläche und Brust nachzuspüren – nehmen Sie das Gefühl der Berührung, der Temperatur und der Bewegung wahr.

Wiederholen Sie nun einige Male zwei oder drei Sätze wie die folgenden:

„Möge ich glücklich sein,

Möge ich von Frieden erfüllt sein,

Möge es mir gut gehen."

Sie können sich andere, ähnliche Sätze ausdenken, die speziell für Sie von Bedeutung sind. Wiederholen Sie schweigend jeden Satz, und nehmen Sie den Nachhall wahr. Welche Gedanken, Emotionen und Empfindungen haben Sie? Werden Sie angezogen oder spüren Sie Widerstand? Was auch immer Sie feststellen, es ist einfach nur ein Feedback und ein Zur-Kenntnis-Nehmen, wie die Dinge in diesem Augenblick sind.

MACHEN SIE SO LANGE WEITER, WIE SIE MÖCHTEN.

Viele Leute halten diese Übung für schwierig – uns selbst etwas Gutes zu wünschen, kann im Widerspruch zu all dem stehen, was man uns beigebracht hat. Aber es ist wichtig, dies zu üben, denn **wie können wir gütig zu anderen sein, wenn wir uns selbst gegenüber nicht gütig sind?**

Wenn Sie Mühe mit dieser Übung haben, versuchen Sie vielleicht zunächst, einen Kreis der Güte zu schaffen (siehe Seite 128–31). Bringen Sie zunächst jenen, die Ihnen wichtig sind, Güte entgegen, und nehmen Sie sich dann selbst in diesen Kreis mit auf.

Sie können sich die Übung auch erleichtern, indem Sie sich innerlich ein Bild vor Augen halten, auf dem sie ein verletzliches Kind sind.

„Ändern Sie die Sätze nach Belieben ab – achten Sie jedoch darauf, auf der Suche nach den perfekten Worten nicht zu weit abzuschweifen. Manche empfinden es als hilfreich, einen Passus hinzuzufügen, wenn Ihnen der von Ihnen beschriebene Zustand gerade unerreichbar erscheint, etwa „... wenn es mir möglich ist, so zu sein".

MENSCHEN, ÜBER DIE WIR UNS ÄRGERN

In unser aller Leben gibt es Menschen, die uns auf den Wecker fallen. Die folgende Übung habe ich einst in Bezug auf eine Kollegin angewandt, mit der ich täglich zu tun, zu der ich jedoch ein schwieriges Verhältnis hatte. **Sie war mürrisch, anstrengend und häufig unhöflich** (so dachte ich), aber diese Arbeitsbeziehung war für uns beide wichtig. An ihrer Haltung konnte ich nichts ändern, aber an meiner. **Daher machte ich sie eine Zeit lang zum Mittelpunkt einer Übung in „Liebender Güte", bei der ich ihr Gutes wünschte,** und sie mir als jemand vorstellte, der glücklich, gemocht und geliebt werden will.

Unser Verhältnis hatte sich schließlich in bemerkenswerter Weise verändert, wobei diese Veränderung ausschließlich in mir vor sich gegangen war. Ich sah meine Kollegin jetzt in einem neuen Licht, wodurch ich einen besseren Zugang zu ihr fand. **Es war keine Veränderung auf intellektueller Ebene, sondern auf emotionaler.** Auch wenn wir nie Freunde wurden, gelang es uns doch, ein gutes Arbeitsverhältnis aufzubauen.

Probieren Sie Folgendes:

Setzen Sie sich bequem hin und wählen Sie jemanden aus, über den Sie sich ärgern. (Ich empfehle dringend, sich nicht jemanden auszusuchen, der Ihnen großen Schmerz zugefügt hat – fangen Sie klein an, halten Sie die Übung in einem kontrollierbaren und sicheren Rahmen, da sie starke Emotionen hervorrufen kann.)

Nehmen Sie sich etwas Zeit, um sich in eine bequeme Position zu bringen, und sich mit dem Atem und dem Körper zu verbinden. Es ist wichtig, zunächst ein gutes Gefühl für den Atem zu entwickeln, damit Sie jederzeit darauf zurückkommen können, wenn es schwierig werden sollte.

Denken Sie nun an die von Ihnen ausgewählte Person. Es kann hilfreich sein, sie sich irgendwo vorzustellen, von wo sie Sie nicht erreichen kann, etwa auf einer abgelegenen Insel. Wo auch immer Sie sich die Person vorstellen, beginnen Sie die Übung damit, ihr Gutes zu wünschen, etwa so:

„Mögest du gesund / glücklich sein,

Mögest du frei von Zorn / Hass sein,

Mögest du ruhig / voller Frieden sein.“

Wiederholen Sie die Sätze schweigend und spüren Sie die Resonanz, nehmen Sie die Wirkung auf Körper, Geist und Emotionen wahr. Kehren Sie mit Ihrer Aufmerksamkeit zum Atem zurück, wenn Ihre Reaktionen zu stark werden sollten. Sollten Sie sich irgendwann überfordert fühlen, gehen Sie zurück zu der Übung „Gütig zu sich selbst sein“ (siehe Seite 132–34).

Sie müssen diese Übung regelmäßig durchführen. Wenn Sie sie nur einmal machen, ist es unwahrscheinlich, dass Sie eine Veränderung bewirken. Es ist jedoch ratsam, sie **am Anfang nur ein paar Minuten lang** durchzuführen, vor und nach längeren Übungsabschnitten des achtsamen Atmens (siehe Seite 44–45), und die Dauer der Übung sukzessive zu verlängern.

Bedenken Sie, dass wir nicht versuchen, das Verhalten oder die Haltung einer anderen Person in irgendeiner Form zu verändern. **Jegliche Veränderung geht ausschließlich in uns selbst vor,** nicht in der anderen Person, doch die Art und Weise, wie wir mit ihr interagieren, kann beeinflussen, wie sie auf uns reagiert.

„Unser Körper ist ein wahres Gefühlsbarometer. Als ich mich bei dieser Übung einmal auf jemanden konzentrierte, der einer Freundin viel Schmerz zugefügt hatte, spürte ich einen Widerstand in meinem Körper. Ein Teil von mir sagte „Komm schon, Anna, wünsche ihm Gutes …", doch ein anderer lehnte dies kategorisch ab. Mein wahres Ich war einfach nicht bereit dazu, selbst wenn ich das auf intellektueller Ebene sogar wollte. Ich entsann mich einer Lehre von Joseph Goldstein und untersuchte, was ich denn zu wünschen bereit wäre. Ich probierte aus, welche Empfindungen verschiedene Sätze in meinem Köper auslösten. Nach einigen Augenblicken fiel mir „Mögest du frei von Zorn sein" ein, da dies die Emotion war, die sein Verhalten steuerte. Ich spürte keinen Widerstand in meinem Körper, wenn ich das sagte, und setzte die Übung nur mit diesem Satz fort."

GUTES WÜNSCHEN

Von der Idee, eine traditionelle Übung in „Liebender Güte“ mit dem Gehen zu verbinden, hörte ich erstmalig von der Autorin und Meditationslehrerin Sharon Salzberg. Beide Übungen gemeinsam durchzuführen, verwandelt die formale Übung in eine informelle, die man überall ausführen kann.

Wie bei den anderen Übungen dieser Art ist es auch hier wichtig, sich **Sätze auszusuchen, die mit Ihnen im Einklang sind.** Die folgenden Sätze sind lediglich Vorschläge, die Sie nach Belieben abändern können.

Denken Sie auch daran, dass wir die Güte nicht mit der Absicht praktizieren, jemanden zu ändern, sondern lediglich, **um uns und anderen Gutes zu wünschen.**

Probieren Sie Folgendes:

Wenn Sie diese Übung informell ausführen, wählen Sie eine Gehgeschwindigkeit, die für Sie normal ist, aber vielleicht möchten Sie auch einfach langsamer gehen als üblich. Wiederholen Sie beim Gehen schweigend die folgenden Sätze:

„Möge es mir gut gehen.

Möge ich glücklich sein.

Möge ich frei von Leiden sein."

Vielleicht halten Sie nach jedem Satz kurz inne und lassen ihn sacken und im ganzen Körper nachhallen. Jedes Mal, wenn Gedanken an jemand anderen Sie ablenken oder Sie eines anderen Lebewesens in Ihrer Umgebung gewahr werden (was Tiere und Insekten einschließt), erstrecken Sie Ihr Bewusstsein auch auf dieses und schließen Sie es mit ein:

„Möge es uns gut gehen" und so weiter.

Kehren Sie dann dazu zurück, die Sätze wieder nur auf sich zu beziehen.

TECHNIK WEGLASSEN

Unsere Handys, Smartphones, Laptops und MP3-Player sollen eigentlich unser Leben schöner machen. Sie ermöglichen uns, mit Freunden und der Familie in Verbindung zu bleiben und Musik zu hören, die wir mögen. Diese Geräte verbinden uns jedoch auch rund um die Uhr mit dem Büro und lenken uns von dem ab, was wir gerade tun. Wie oft sind Sie schon vom Piepen einer ankommenden Textnachricht, einem Anruf oder der Benachrichtigung, dass eine E-Mail angekommen ist, in Ihrer Tätigkeit unterbrochen worden?

An den technischen Geräten gibt es nichts auszusetzen, solange sie unsere Beziehung zu anderen Menschen nicht beeinträchtigen. **Wie stehen Sie zu Ihren Geräten?**

Probieren Sie Folgendes:

Machen Sie sich das Geschenk, Zeit zu haben, in der Sie nicht unterbrochen werden, indem Sie die bewusste Entscheidung treffen, keine Anrufe und E-Mails zu beantworten oder Musik zu hören. Wenn es Ihnen zu radikal ist, ganz abrupt mit allem aufzuhören, fokussieren Sie sich vielleicht zunächst nur auf eine Sache, z. B. ohne Musik zu hören, zur Arbeit zu gehen.

Weitere Anregungen:

* Checken Sie Ihre E-Mails nur zu festgelegten Zeiten. Je nachdem, was Sie beruflich tun, könnte das beispielsweise stündlich, dreimal am Tag oder sogar nur einmal täglich sein. Gestehen Sie sich selbst eine gewisse Zeit zu, um sich ohne Unterbrechungen auf andere Dinge und Menschen konzentrieren zu können.

* Machen Sie Ihr Smartphone aus, wann immer Sie können, oder schalten Sie es stumm.
* Vermeiden Sie es, ein Telefon bei Mahlzeiten dabeizuhaben.
* Nehmen Sie ein Smartphone, das Sie auch beruflich nutzen, möglichst nicht zu Aktivitäten in Ihrer Freizeit mit.
* Wenn Sie mit der Familie zusammen sind, insbesondere mit Kindern, schenken Sie ihnen Ihre ungeteilte Aufmerksamkeit. Sie alle werden davon profitieren.

Kapitel 5

EINEN FALLSCHIRM WEBEN

Jon Kabat-Zinn spricht davon, wie wichtig es ist, **die Achtsamkeitspraxis in seinem Leben dann zu etablieren, wenn es gut läuft** und man sich stark fühlt. Die Fertigkeiten, die Sie dann einüben, werden **von unschätzbarem Wert für Sie sein, wenn in Ihrem Leben Probleme zu bewältigen sind.** Es ist viel schwieriger, etwas Neues zu lernen, während wir in einer Krise stecken.

Die Übungen in diesem Kapitel bezeichne ich als grundlegend; ich greife selbst immer wieder auf sie zurück: „Der Atem" (siehe Seite 146–47), „Wie ist Ihre Wettervorhersage?" (siehe Seite 163–64) und „Den Juckreiz aushalten" (siehe Seite 152–53). Falls Sie ein Gewohnheitstier sind, wird es **Ihre Stresstoleranz behutsam steigern, wenn Sie sich bewusst aus Ihrer Komfortzone herausbegeben,** indem Sie etwas Routinemäßiges auf andere Art und Weise machen (siehe Seite 154).

Je mehr Sie Ihre Achtsamkeit einüben, umso belastbarer werden Sie in Krisenzeiten sein. **Die Forschung hat gezeigt, dass man Stressresilienz im Körper „speichern" kann** – nutzen Sie also die Zeiten, wenn im Leben alles glatt läuft – es wird sich später in schwierigen Zeiten bezahlt machen.

BEWUSSTHEIT DER ACHTLOSIGKEIT

Wenn wir damit beginnen, uns selbst Aufmerksamkeit zu schenken, bemerken wir als Erstes, wie achtlos wir sind. **Wir werden uns dessen bewusst, wie voreingenommen wir anderen gegenüber sind, und wie unsere Vorurteile unsere Gedanken und unser Verhalten beeinflussen.** Häufig merken wir erst im Nachhinein, wie schnell wir mit einer automatischen Reaktion auf jemanden oder etwas bei der Hand waren, und bedauern dann das, was wir gesagt oder getan haben.

Wir neigen dazu, solche unachtsamen Augenblicke als einen weiteren unserer Fehler anzusehen. Viel besser ist es jedoch, sie **als Gelegenheit zu nutzen, uns selbst zu beglückwünschen.** Die Tatsache, dass wir bemerken, wie unbedacht wir sind, ist ein wichtiger erster Schritt – das Bemerken ist ein Moment der Wachsamkeit und des Klarsehens. Solange wir etwas nicht wirklich als das sehen, was es ist, haben wir keine Chance, etwas daran zu ändern. Wenn Sie also das nächste Mal bei sich einen wertenden Gedanken in Bezug auf jemanden oder etwas feststellen, benennen Sie ihn als „wertenden Verstand", und wenn Sie erkennen, dass Sie etwas oder jemanden hätten anders oder besser behandeln können, beglückwünschen Sie sich dazu, dies festgestellt zu haben. **Gestehen Sie sich ein, dass Sie die Dinge hätten anders tun können,** und führen Sie sich vor Augen, dass der Abstand zwischen automatischer Reaktion und überlegtem Umgang kleiner wird, je mehr Übung Sie haben. Und da es nun mal eine Übung ist, **müssen wir sie immer wieder ausführen, um neue Gewohnheiten herauszubilden** und klüger zu reagieren. Wir sind vergesslich und müssen daher immer wieder von vorn anfangen.

„Nehmen Sie den wertenden Verstand oder eine unangemessene Reaktion eher mit Güte zur Kenntnis, als sie dadurch, dass Sie sie verurteilen, noch zu verschlimmern. Wir haben alle noch an uns zu arbeiten."

DER ATEM

Die Achtsamkeit auf den eigenen Atem zu lenken, ist insofern eine grundlegende Übung, als sich **der Atem hervorragend als Fokus einer Übung eignet** – er ist immer da. Wenn wir uns also regelmäßig auf ihn einstellen, erschaffen wir uns einen Fixpunkt, der uns Halt gibt, wenn die Dinge kompliziert werden.

Wenn wir Atemmeditationen machen, versuchen wir nicht zu verändern, wie wir atmen, sondern stellen lediglich fest, wie der Atem jetzt gerade ist. **Wie wir atmen, lässt Rückschlüsse auf unsere gegenwärtige Gemütsverfassung zu.** Werden Sie der Eigenschaften Ihres Atmens gewahr – kurz oder lang, flach oder tief etc. – und machen Sie sich zudem damit vertraut, wie Sie üblicherweise atmen und wie der Atem sich verändert, wenn Sie ängstlich oder ärgerlich sind.

Vielleicht stellen Sie fest, dass sich das Atmen verändert, wenn man sich auf den Atem konzentriert. Sollte dies geschehen, ist das kein Grund zur Sorge. Wenn Sie sich damit gut fühlen, fahren Sie einfach fort, Ihren Atem zu beobachten, und nehmen Sie die physischen Empfindungen des Atmens wahr.

Manche Menschen verbinden mit dem Atem stark negativ besetzte Erinnerungen, was eine Atemmeditation problematisch machen kann. Sollte das auf Sie zutreffen, empfehle ich Ihnen, Ihre Aufmerksamkeit auf Ihre Füße auf dem Boden zu richten. Sie können dies als alternative Übung durchführen (siehe Seite 188–89) oder zwischen dem Atem und den Füßen auf dem Boden hin und her wechseln. Vielleicht verweilen Sie nur ein, zwei Augenblicke beim Atem, bevor Sie sich dadurch erden, dass Sie sich eine längere Zeit auf Ihre Füße konzentrieren. **So können Sie üben, mit dem Atem zu sein** und sich dabei sicher fühlen, und zwar in einer Ihnen angenehmen Weise.

Die einzige Anweisung für das Beobachten des Atems ist, **der physischen Empfindungen des Atmens gewahr zu werden** und sie zu erfahren: das Ausdehnen und Zusammenziehen des Bauchs, das Heben und Senken der Brust. Verweilen Sie für die Dauer eines jeden Einatmens und jeden Ausatmens beim Atem, und werden Sie sich auch der Abstände dazwischen bewusst – wann ein Ausatmen wieder zum Einatmen wird und umgekehrt.

In dem Augenblick, in dem Sie bemerken, dass Ihr Geist abgeschweift ist, nehmen Sie dies zur Kenntnis und kehren zum Atem zurück. **Lassen Sie alle negativen Gedanken los,** etwa: „Ich schaffe es nicht mal, mich auf den Atem zu konzentrieren". Tatsächlich sind dies Momente, für die Sie sich beglückwünschen können. In solchen Augenblicken des Erkennens sind Sie wahrhaft in der Gegenwart. Sie müssen lediglich zum Atem zurückkehren und von vorn beginnen. **Darin besteht die Übung.**

DIE ACHTSAMKEIT DES ATMENS

Diese Übung eignet sich hervorragend dazu, in den Körper hineinzufinden, und ist außerdem förderlich für die Konzentration. Wenn Sie sie regelmäßig durchführen, wird sie Ihnen in schwierigen Zeiten Halt geben. Sie können sie jederzeit und überall als informelle Übung durchführen, es muss also niemand mitbekommen, was Sie da gerade tun. Sie können sie aber ebenso gut zu Hause als formale Sitzübung praktizieren (Tipps zur Körperhaltung finden Sie auf den Seiten 38–41). Folgen Sie den Anweisungen auf den Seiten 44–51.

Möchten Sie die Übung als eine längere, formale praktizieren, finden Sie auf den Seiten 18–19 Vorschläge, wie Sie sie in Ihren Alltag integrieren können.

„Es kann helfen, wenn Sie Ihre Aufmerksamkeit immer auf dasselbe Körperteil richten. Wählen Sie den Bereich, an dem Sie den Atem am stärksten wahrnehmen – zum Beispiel im Bauch oder in der Brust."

Atemzüge zählen

Dies ist eine weitere Übung, um sich in den Körper hineinzufühlen sowie Fokus und Aufmerksamkeit aufzubauen. Die Atemzüge zu zählen kann helfen, wenn Sie besonders fahrig sind, da der Vorgang des Zählens wie ein Gerüst fungiert, auf das Sie aufbauen können. Sie können diese Übung als informelle Übung machen, meist wird sie jedoch als formale Sitzübung ausgeführt.

Setzen Sie sich wie auf Seite 39 beschrieben hin. Beginnen Sie das Zählen der Atemzüge mit der Eins beim ersten Einatmen. Zählen Sie jeden darauffolgenden Atemzug, bis Sie bei Fünf sind, dann beginnen Sie von Neuem auf Eins. Wenn Sie sich dabei ertappen, über die Fünf hinausgegangen zu sein (was leicht passiert), kommen Sie zur Eins zurück, sobald Sie dessen gewahr werden.

Ihr Geist wird abschweifen und Sie werden immer wieder von vorn beginnen. Darin besteht die Übung.

Konzentrieren Sie sich aufs Ein- und Ausatmen oder auf eines von beiden.

Als Abwandlung können Sie sich statt auf das Einatmen auch auf das Ausatmen konzentrieren. Suchen Sie sich aus, womit Sie die Übung beginnen wollen, und bleiben Sie dann dabei, statt hin und her zu wechseln.

Es kann interessant sein auszuprobieren, wie unterschiedlich sich die Varianten anfühlen. Spielen und experimentieren Sie mit Ihrem Atem und erkunden Sie ihn. Seien Sie neugierig.

EINE ATEMPAUSE MACHEN

Es ist von Vorteil, **eine schnelle Methode parat zu haben, um in einen anderen Gang zu schalten und in den gegenwärtigen Augenblick hineinzufinden.** Sie können die Übung als Mini-Meditation während des ganzen Tages ausführen, sie ist jedoch besonders hilfreich, wenn sich Ihr Leben gerade schwierig gestaltet. Allerdings sollten Sie **nicht versuchen, damit eine Erfahrung zu verändern oder zu korrigieren.** Wie Sie etwas erfahren, ist nach der Übung möglicherweise anders, es kann jedoch genauso gut so geblieben sein wie zuvor.

Die Atempause ist eine Gelegenheit zum Innehalten, um vom „Modus des Tuns" in den „Modus des Seins" zu gelangen. Wir nehmen wahr, was an Gedanken, Emotionen und physischen Empfindungen in uns aufkommt, und nehmen ihr Vorhandensein einfach zur Kenntnis (selbst dann, wenn wir wünschen, sie wären nicht da). Dann kehren wir mit unserer Aufmerksamkeit wieder zum Atem zurück und atmen mit allem, was da entsteht. Dieses Hineinfinden in den gegenwärtigen Moment ist der erste Schritt zum Annehmen dessen, was entsteht.

„Planen Sie diese Mini-Meditation in Ihren Tag ein; vielleicht wählen Sie etwas, an das Sie sie anbinden, etwa Ihre Mahlzeiten. Wenn Sie die Meditation vergessen, führen Sie die Atempause einfach in dem Augenblick durch, in dem Sie sich daran erinnern. Mit der Zeit wird es zu etwas Selbstverständlichem werden, diese Übung in Ihren Tag zu integrieren."

Probieren Sie Folgendes:

Die Atempause wurde von der Achtsamkeitslehrerin Trish Bartley entwickelt und ist eine der am häufigsten durchgeführten Übungen. Sie dauert nur ein paar Minuten, und Sie können sie überall machen, ohne dass es jemand mitbekommt.

Sie können die Atempause als Drei-Stufen-Übung ansehen. Beginnen Sie in einer Körperhaltung (sitzend, stehend oder liegend), in der sich eine innere Einstellung wachsamer Aufmerksamkeit ausdrückt.

Stufe 1 Nehmen Sie zur Kenntnis, was Sie gerade denken … welche Emotionen und physischen Empfindungen Sie haben (falls sich welche zeigen). Auf dieser Stufe nehmen wir wahr und benennen. Wir analysieren und beurteilen nicht, was für eine Erfahrung es ist oder ob sie angebracht ist. Wir nehmen einfach zur Kenntnis, was da ist – vielleicht ist da ja auch nichts, und das ist dann Ihre gegenwärtige Erfahrung.

Stufe 2 Richten Sie Ihre Aufmerksamkeit auf Ihren Atem und nehmen Sie die Empfindungen beim Atmen wahr. Es ist hilfreich, sich dabei innerlich zu sagen „einatmen, ausatmen". Verweilen Sie einige Augenblicke bei Ihrem Atem.

Stufe 3 Dehnen Sie Ihre Aufmerksamkeit vom Atem auf den ganzen Körper aus, und werden Sie der Berührungspunkte gewahr, wie der Ihrer Füße mit dem Boden oder der Ihres Gesäßes mit dem Stuhl … werden Sie sich des Zimmers bewusst, in dem Sie sich befinden … jeglicher Geräusche … Gerüche … In diesem Zustand der wachsamen Aufmerksamkeit nehmen Sie Ihr Tagesgeschäft wieder auf.

DEN JUCKREIZ AUSHALTEN

Bei formalen Meditationsübungen wie dem Body-Scan, Sitz- oder Bewegungsmeditationen können alle möglichen Gemütszustände wie Ungeduld, Frustration, Langeweile, Gereiztheit, innerer Frieden, Gelassenheit etc. aufkommen. **Wenn wir bei unseren Übungen lernen, mit verschiedenen Gefühlslagen umzugehen, kann uns das dabei helfen, mit ihnen im Alltag besser klarzukommen.**

Probieren Sie Folgendes:

Welche Übung wir auch immer ausführen – wir nehmen niemals vorsätzlich eine unbequeme Haltung ein und wollen auch nicht verbissen Schmerzen aushalten. Wir können jedoch trainieren, auf unbehagliche Empfindungen nicht zu reagieren.

Wir üben, mit dem Unbehagen „zu sein", indem wir uns ihm zuwenden … daran Interesse zeigen, wie es wirklich „ist" … wo es sitzt … welche Eigenschaften es hat … ob es durchgängig vorhanden ist oder sich verändert … Wir sind neugierig. Diese Herangehensweise ist etwas völlig anderes, als eine Empfindung von sich zu schieben, nur weil wir sie nicht mögen.

Üben Sie also, den Juckreiz auszuhalten – sowohl das wortwörtliche Jucken als auch jenes im übertragenen Sinne. Sie können dies als formale Sitzübung gestalten oder auch im Alltag üben, wenn Sie etwa in einem wichtigen Meeting den Drang verspüren herumzuzappeln. Experimentieren Sie damit, wie es ist, mit dem Drang umzugehen, statt ihm einfach nachzugeben.

TIPP Der Meditationslehrer Jack Kornfield empfiehlt die „Regel des dreimaligen Auftauchens": Wenn Sie ein Verlangen verspüren, beispielsweise sich bei einem Juckreiz zu kratzen, schlägt er vor, den Drang wahrzunehmen und dann einfach loszulassen. Zeigt er sich erneut (und das wird er), lassen Sie ihn wiederum los. Wenn er dann zum dritten Mal auftaucht, gestatten Sie sich, sich zu bewegen oder zu „kratzen", wobei Sie dies achtsam tun sollten, also im vollen Bewusstsein dessen, was Sie tun, während Sie es tun.

ETWAS ANDERS MACHEN

Die meisten von uns sind Gewohnheitstiere. **Es gibt einem ein Gefühl von Sicherheit und Geborgenheit, zu wissen, was als Nächstes geschieht,** und wenn wir zu Angstgefühlen neigen, versuchen wir, so viel unter Kontrolle zu haben, wie möglich. Problematisch wird dies, wenn wir im Leben auf unsicheres Terrain geraten und darum kämpfen, nicht im Treibsand zu versinken, was unsere Angst noch verstärkt.

Wenn es uns gut geht und wir die Grenzen unserer Komfortzone erweitern, werden wir besser damit fertig werden, wenn die Dinge des Lebens schieflaufen.

Probieren Sie Folgendes:

Als Erstes machen Sie eine Bestandsaufnahme Ihres Tagesablaufs. Wie vorhersehbar ist er? Es bringt nichts, das, was Sie herausfinden, zu bewerten. Es ist schließlich nur eine Momentaufnahme dessen, wo Sie sich gerade befinden.

Experimentieren Sie dann damit, etwas auf ganz andere Art zu tun. Suchen Sie sich zunächst etwas Einfaches aus, zum Beispiel den Weg, den Sie üblicherweise zur Arbeit nehmen. Als Nächstes beschließen Sie, wie lange Sie diese eine Sache anders tun möchten – beispielsweise einen Tag oder eine Woche lang.

Und dann gehen Sie es an! Seien Sie kreativ, spielerisch.

HABEN SIE SPASS UND SCHAUEN SIE, WAS SIE FESTSTELLEN.

SICH MIT DEM GESCHÖPF DES VERLANGENS ANFREUNDEN

Ein Gedicht des indischen Mystikers Kabir aus dem 15. Jahrhundert beginnt so: „Ich sagte zu der Kreatur des Verlangens in meinem Innern …" Wenn ich merke, wie ein Verlangen in mir erwacht – sei es nun nach noch einem Stückchen Schokolade, einem Buch oder irgendeinem Gerät –, **stelle ich mir vor, wie diese kleine Kreatur in meinem Innern erwacht,** sich auseinanderrollt und streckt und sich bemerkbar macht. Sie hat eine starke, nicht zu leugnende Präsenz.

Jetzt erkenne ich mein „Geschöpf des Verlangens" und versuche, es zu beobachten, statt ihm nachzugeben. Wird es sich nach seinem Energieausbruch wieder zur Ruhe begeben oder in der Nähe bleiben? Manchmal gebe ich ihm Futter und genehmige mir die tatsächliche oder sinnbildliche Schokolade, aber ich nehme sie mit dem Wissen darum, was ich da tue (und um die Konsequenzen), statt nach ihr zu greifen und sie automatisch zu essen.

Wir können alle Arten von Verlangen entwickeln – nach Materiellem, besonderen Umständen, Beziehungen – **wenn Sie sich mit Ihrer inneren Kreatur des Verlangens identifizieren und anfreunden, kann Ihnen das helfen, klügere Entscheidungen zu treffen.**

Probieren Sie Folgendes:

Wenn Sie das nächste Mal das starke Verlangen danach verspüren, etwas zu tun, lenken Sie Ihre Aufmerksamkeit zu Ihrem Körper. Welche Empfindungen haben Sie? Wo verspüren Sie das Verlangen am stärksten?

Seien Sie neugierig, mehr über Ihr Geschöpf des Verlangens herauszufinden … zu was es sich hingezogen fühlt … was seine Gelüste steuert …

Probieren Sie aus, was passiert, wenn Sie es füttern – wie fühlen Sie sich danach? Was geschieht, wenn Sie es ignorieren? Was nehmen Sie wahr, wenn Sie seine Präsenz zur Kenntnis nehmen (beispielsweise indem Sie sich sagen „Ich sehe dich"), aber seinen Forderungen nicht nachgeben? Spielen Sie mit der Kreatur des Verlangens in Ihrem Innern.

Sobald Sie mit ihren Eigenschaften besser vertraut sind, werden Sie ihr Auftauchen schneller bemerken und die feinen Unterschiede der verschiedenen Stufen des Verlangens wahrnehmen. Ist Ihnen erst einmal bewusst, dass das Geschöpf die Kontrolle über Ihre Entscheidungen an sich reißt, können Sie ihm diese eher wieder abringen.

„Anfänglich geschieht es oft, dass wir uns erst im Nachhinein an den Vorsatz erinnern, das Auftauchen der Kreatur wahrzunehmen. Falls dies geschieht, nutzen Sie es als Gelegenheit zum Üben, statt entäuscht zu sein. Wenn Sie schon dabei sind, ein Stückchen Schokolade zu essen, das Sie sich automatisch in den Mund gesteckt haben, dann essen Sie es achtsam und schenken dem Vorgang des Essens Aufmerksamkeit. Achten Sie darauf, wie Sie sich beim Essen fühlen, und auch, wie es dem Körper danach geht. Werden Sie sich aufkommender Gedanken und Emotionen bewusst. Vielleicht stellen Sie auch fest, dass ein Gegenstand, ganz egal welcher, in dem Augenblick, in dem Sie ihn kaufen, seinen Reiz verliert, und Ihre Aufmerksamkeit schnell zu etwas anderem wandert. Nehmen Sie dies als Chance – so können Sie sich beim nächsten Mal, wenn das Geschöpf des Verlangens einen Koller bekommt, daran erinnern, wie es sich anfühlt, wenn Sie ihm nachgeben."

WIDERSTÄNDE BEOBACHTEN

Wir sind oft bloß deshalb unglücklich, weil die Dinge nicht so sind, wie wir sie gern hätten – wir möchten schlanker und gesünder sein, in einer ruhigeren Gegend wohnen, den Beruf wechseln, einen Partner finden oder uns scheiden lassen … Vielleicht empfinden wir auch einen Widerwillen dem Obdachlosen in der Straße gegenüber und wenden uns von ihm ab, weil uns das Zur-Kenntnis-Nehmen seines Vorhandenseins dazu zwingt, uns seiner Realität (oder unserer eigenen) zu stellen. Des Weiteren kann es sein, dass wir einen Widerstand fühlen, wenn es darum geht, Sport zu treiben, obwohl wir wissen, dass es gut für uns ist, ähnlich wie das Meditieren. **Bei der folgenden Übung interessiert uns nicht, weshalb uns etwas widerstrebt, sondern lediglich, was an unserer Erfahrung bedingt, dass es uns widerstrebt,** und festzustellen, wie sich dieser Widerstand im Körper anfühlt.

Probieren Sie Folgendes:

Fangen Sie damit an, festzustellen, in welchen Momenten Sie sich üblicherweise sträuben oder abwenden.

Schenken Sie dem Körper Aufmerksamkeit, insbesondere dann, wenn Sie jemandem oder etwas gegenüber ein Gefühl der Anspannung haben, oder den Wunsch, sich abzuwenden. Nehmen Sie jegliche Anspannung im Körper wahr, ermitteln Sie, wo sie sich befindet, welche Form sie annimmt … vielleicht setzen Sie einen bestimmten Gesichtsausdruck auf, ein Ausdruck dessen, wie Sie auf etwas reagieren.

Wenn Sie einen solchen Widerstand bemerken, nehmen Sie seine Gegenwart zur Kenntnis. Sagen Sie zu sich „Ah, ich sehe dich!" oder „Da ist Widerstand". Benennen Sie den Widerstand ohne zu werten. Nehmen Sie seine Gegenwart zur Kenntnis und erlauben Sie ihm, da zu sein, statt ihn mit einer typischen Reaktion einfach fortzuschieben. Vielleicht erkunden Sie ihn noch etwas mehr … finden Sie heraus, wie sich Widerstand bei Ihnen anfühlt. Wo im Körper nehmen Sie ihn wahr? (Seien Sie so präzise wie möglich beim Bestimmen der Stelle.) Welche Gestalt hat er und wie fühlt er sich an – stark oder sanft, schroff oder glatt? Ist er warm oder kalt, massiv oder flüchtig? Hat er eine Farbe? Bewegt er sich oder bleibt er am selben Ort?

Seien Sie neugierig bezüglich des Widerstands. Woher wissen Sie, dass Sie etwas oder jemanden nicht mögen oder etwas nicht tun wollen? Denken Sie daran: Wir versuchen nicht, ihn zu verändern oder zum Verschwinden zu bringen; wir wollen einfach nur mehr über ihn wissen, damit wir ihn erkennen, wenn er sich zeigt.

Wir nehmen die Energie wahr, die es braucht, um den Widerstand aufrechtzuerhalten. Werden Sie sich der Energie bewusst, die erforderlich ist, um den Körper im Zustand der Anspannung zu halten … Wie fühlen Sie sich dabei? Was könnten Sie anders machen?

Stellen Sie fest, wovon oder von wem Sie sich für gewöhnlich abwenden – es könnte jemand an Ihrem Arbeitsplatz sein, mit dem Sie nicht klarkommen, oder vielleicht ein Nachbar. Ob Sie sich Ihrer Abneigung nun bewusst sind oder nicht – sie wird Ihre Beziehung zu dieser Person und Ihre Kommunikation mit ihr beeinflussen.

Wenn wir uns dessen bewusst werden, wovon oder von wem wir uns regelmäßig abwenden, können wir dies berücksichtigen und wegen unserer wertenden Haltung nachsichtig mit uns sein und uns ihnen vielleicht bewusst auf eine andere Weise nähern, uns ihnen zu- statt abwenden. Wir können auch in diese Körperregion hineinatmen, an der wir die Abneigung spüren, den Atem dorthin lenken, und mit dem Widerstand atmen; dem Atem erlauben, nahe an die Abneigung heranzukommen.

WAS GESCHIEHT? MIT DEM WIDERSTAND SEIN.

Es mag Ihnen widersinnig vorkommen, bewusst Ihren Empfindungen von Widerstand und Aversion Aufmerksamkeit zu schenken. Beginnen Sie immer mit einer kleineren Irritation oder, falls Ihnen das zu schwierig sein sollte, stellen Sie stattdessen erst einmal fest, wann Sie ein Verlangen nach etwas oder jemandem verspüren (siehe Seite 155–57).

SITZEN WIE EIN BERG

In dieser Sitzübung bilden wir bewusst die Eigenschaften eines Berges heraus. In seinem Buch *Im Alltag Ruhe finden: Meditationen für ein gelassenes Leben* hebt Jon Kabat-Zinn die Bedeutung hervor, die Berge in Mythologie und Religion haben, und schlägt vor, dass wir **die Stärke und Standfestigkeit des Berges übernehmen und bei einer Sitzmeditation in uns zum Ausdruck bringen**.

„Einige finden Visualisieren schwieriger als andere. Wenn es Ihnen schwerfällt, sich einen bestimmten Berg vorzustellen, nehmen Sie Ihr Mühen und jegliche damit einhergehenden Gedanken oder Urteile wahr und lassen Sie sie los. Dann malen Sie sich einfach aus, dass Ihr Körper ein Berg ist und verbinden sich mit der generellen Gestalt und Stärke von Bergen im Allgemeinen."

Probieren Sie Folgendes:

Setzen Sie sich entweder auf den Boden oder auf einen Stuhl und achten Sie darauf, dass der untere Teil Ihres Körpers geerdet und mit dem Boden verbunden ist und die obere Hälfte wachsam und aufgerichtet (für die Körperhaltung siehe Seite 38–39).

Nehmen Sie sich einige Augenblicke Zeit, sich mit den Empfindungen des Atems zu verbinden. Fühlen Sie, wie sich Ihre Brust hebt und senkt, und verweilen Sie für die Dauer eines jeden Atemzuges beim Ein- und Ausatmen. Dehnen Sie dann Ihre Aufmerksamkeit auf den ganzen Körper aus, um ein Gefühl für ihn zu bekommen.

Als Nächstes vergegenwärtigen Sie sich einen Berg, den Sie kennen, oder Sie denken sich das Bild eines Berges aus. Gestatten Sie dem Berg in Ihrer Vorstellung Gestalt anzunehmen. Visualisieren Sie die Jahreszeit auf dem Berg … seine Hänge sind vielleicht bewaldet oder schneebedeckt. Ihr Berg kann jede Form annehmen …

Wenn Sie so mit dem Bild Ihres Berges dasitzen, bringen Sie nun den Berg allmählich in Ihren Körper hinein – Ihr Kopf wird zum Gipfel, Ihre Schultern die oberen Berghänge und die untere Körperhälfte die unteren, die sich mit der Erde verbinden. Sitzen Sie da, wie Ihr Berg … geerdet, doch mit dem Gipfel hoch im Himmel.

Werden Sie jetzt dessen gewahr, was auf den Berg tagtäglich einwirkt, des Windes … des Regens … des Schnees … und des Sonnenscheins, der kommt und wieder geht … All dessen ungeachtet bleibt der Berg einfach bestehen. Vielleicht verwittert er ein bisschen mehr, doch er ist immer noch derselbe, immer noch da.

WIE IST IHRE WETTERVORHERSAGE?

Wie wir alle wissen, ist ein Barometer ein Instrument, mit dem anhand des Luftdrucks das Wetter der nahen Zukunft prognostiziert werden kann. Die folgende Übung wurde von der Achtsamkeitslehrerin Trish Bartley entwickelt. **Wir setzen darin unseren Körper als Barometer ein, um die Wetterlage unserer Stimmungen zu bestimmen.** Wenn wir lernen, unsere eigene „Wetterlage" auszumachen, indem wir **mit den unterschiedlichen Gefühlslagen vertraut werden, die im Körper aufkommen,** bekommen wir ein Feedback bezüglich dessen, was in einem bestimmten Augenblick in uns vor sich geht. Werden wir geübter darin, können wir den Körper als unser eigenes emotionales Barometer nutzen und **bestimmte Stimmungen anhand ihrer ersten Anzeichen im Entstehen wahrnehmen.**

Probieren Sie Folgendes:

Bestimmen Sie den Teil Ihres Körpers, in dem Sie Stress normalerweise spüren und versuchen Sie, die Körperstelle so präzise zu ermitteln wie möglich. Vielleicht notieren Sie es sich irgendwo. Trainieren Sie, sich immer dann auf diesen Teil des Körpers einzustimmen, wenn Sie gestresst, ängstlich oder besorgt sind – seien Sie aufrichtig neugierig und nehmen Sie wahr, wie sich diese Gefühlslagen körperlich anfühlen. Tun Sie dann dasselbe wie bei positiven Emotionen, z. B. Begeisterung, Glücklichsein, innerer Ruhe oder Frieden.

Meist sind wir uns dessen nicht bewusst, dass eine bestimmte Emotion unsere Worte und Handlungen beeinflusst. Doch zu lernen, wie man die „Nuancen" des Fühlens und die beständig wechselnden Muster sowohl positiver als auch negativer Gemütsverfassungen ausmachen kann, hilft uns dabei zu erkennen, was unsere Gedanken, Worte und Handlungen steuert, und dass diese sich ständig verändern.

GERÄUSCH UND STILLE HÖREN

Die Achtsamkeitspraxis besteht häufig in einem Erkunden der Sinne, doch das Hören oder Klangübungen kommen dabei oft zu kurz. **Wenn wir ein Geräusch hören, weisen wir ihm üblicherweise eine Bedeutung zu,** die mit einer auf unserem Erfahren dieses Geräuschs basierenden Geschichte verbunden ist. Sollten Sie einmal in einen Unfall involviert gewesen sein, bei dem Rettungsfahrzeuge zum Einsatz kamen, kann es sein, dass Ihr Körper jedes Mal, wenn Sie das Martinshorn hören, wie auf eine Bedrohung reagiert und sich alle Erinnerungen, Gedanken und Assoziationen von damals wieder einstellen. Möglicherweise werden Sie das Ereignis wiederholt im Geiste noch einmal erleben, da der Klang die Körpererinnerung aktiviert hat.

Bei dieser Übung experimentieren wir damit, Klang einfach als Klang wahrzunehmen – als einen Ton oder eine Abfolge von Tönen. Wenn wir uns durch eine Geschichte, die wir damit assoziieren, in Gedanken verlieren, lassen wir sie los, sobald wir es bemerken, und lenken unsere Aufmerksamkeit zurück zu dem Geräusch.

Probieren Sie Folgendes:

Nehmen Sie Platz und lassen Sie den Körper zur Ruhe kommen, vielleicht indem Sie sich ein paar Minuten lang mit dem Atem verbinden.

Stellen Sie sich Ihren Körper als Receiver vor, der empfangsbereit ist für Klänge. Das können Geräusche sein, die weit weg sind, oder Geräusche im Innern des Körpers hören … empfangen … die Wirkung unterschiedlicher Klänge auf den Körper wahrnehmen. Wie reagiert der Körper auf Klang? Nehmen Sie wahr, ohne zu urteilen.

Wir sind nicht auf der Suche nach Geräuschen – wir „hören" nicht aktiv hin. Wir gestatten uns einfach, uns jedem Klang, der in unsere Nähe kommt, zu öffnen und ihn zu empfangen, wie ein Radar, wahrzunehmen, wie er auftaucht und vorübergeht; sein Klang, seine Tonhöhe, seine Lautstärke. Sich des reinen Klangs bewusst werden.

Nehmen Sie die Pausen zwischen den Geräuschen wahr, den Klang der Stille.

AM WASSERFALL SITZEN

Unsere Gedanken haben viel Macht. Sie erfinden Geschichten, mit denen sie uns in eine andere Welt versetzen können. Die folgende Sitzübung zeigt uns eine Methode auf, bei unseren Gedanken zu sein, ohne uns von ihnen davontragen zu lassen.

Probieren Sie Folgendes:

Machen Sie es sich da, wo Sie sitzen, bequem. Sorgen Sie dafür, dass Sie sich geerdet fühlen. Verbinden Sie sich mit der Stelle, wo Sie den Atem am stärksten fühlen, und konzentrieren Sie sich darauf. Beobachten Sie Ihren Atem ein paar Minuten lang, und nehmen Sie seine Wirkung auf Körper und Geist wahr.

Der Atem ist Ihr Fixpunkt, und wann immer Sie das Gefühl haben, dass Ihre Gedanken Sie mit sich forttragen, nutzen Sie den Atem, um wieder in den Körper zurückzufinden. Es kann sein, dass Sie das mehrmals tun müssen.

Malen Sie sich aus, wie Sie oben an einem Wasserfall sicher auf einem Felsen sitzen, mit dem Gefühl, dass die Erde unter Ihnen Sie trägt. Vielleicht gibt es da Felsen, Bäume oder Sträucher, an denen Sie sich festhalten können. Das Wasser rauscht vorbei, stürzt herab und trägt Ihre Gedanken in kleinen, sich drehenden Strudeln fort.

Wenn Sie möchten, können Sie Ihre Gedanken bewusst dem Wasser übergeben, sie vielleicht auf Blättern wie auf Flößen in die Strömung setzen. Einige Gedanken verfangen sich vielleicht an einem Felsen und bleiben in Sichtweite, doch die Kraft des Wassers treibt sie schon bald weiter.

Wie Sie da so auf dem Felsen sitzen, werden Sie möglicherweise vom Spritzwasser durchnässt, aber Sie werden nicht fortgerissen. Ihre Gedanken ziehen vorbei, stürzen über den Rand, außer Sichtweite, aus dem Sinn. Sie bleiben sitzen und beobachten sie.

AUFMERKSAM SEIN

In *Ein Herz so weit wie die Welt* erzählt Sharon Salzberg von einer Begebenheit während eines Meditationsretreats. Sharon ging zu einem Gespräch mit ihrem Lehrer Sayadaw U Pandita in der Erwartung, über ihre Meditationserfahrung zu sprechen; doch stattdessen bat er sie, ihm alles darüber zu erzählen, wie sie sich ihre Schuhe anzog. Sie hatte dem bisher noch nie Beachtung geschenkt; also ging sie fort und achtete auf alles, was dazugehörte, sich die Schuhe anzuziehen. Sie kam zu ihrem nächsten Gesprächstermin, voller Zuversicht, nun alles darüber erzählen zu können. Ihr Lehrer war jedoch nicht länger an Schuhen interessiert, sondern fragte sie danach, was Sie beim Waschen ihres Gesichts wahrgenommen hatte. Sharon hatte nichts wahrgenommen, da sie sich auf das Schuhanziehen konzentriert hatte. Mit jedem Tag, der verstrich, ohne dass sie wusste, was ihr Lehrer sie als Nächstes fragen würde, begann Sharon, jeder Erfahrung eines Tages Aufmerksamkeit zu schenken.

Probieren Sie Folgendes:

Stellen Sie sich vor, man hätte Sie darum gebeten, jemandem alles zu erzählen, was man darüber wissen muss, wie Sie Ihre Schuhe anziehen. Werden Sie dessen gewahr, was Sie tun und wie es sich anfühlt. Dann wählen Sie etwas anderes, z. B.:

* sich anzuziehen
* sich zu rasieren
* sich zu schminken
* zu frühstücken
* zu duschen
* sich die Zähne zu putzen
* das Haus zu verlassen
* zur Arbeit zu gehen
* ein Kind anzuziehen
* Windeln zu wechseln

Das Schöne an dieser Übung ist, dass Sie dazu nichts anders machen müssen. Tun Sie das, was Sie üblicherweise tun, einfach bewusst, darin besteht die Übung. Nehmen Sie so viel von Ihrer Erfahrung wahr, wie Sie können; was fühlen Sie in physischer, was in emotionaler Hinsicht, welche Gedanken stellen sich ein und wie beeinflussen Ihre Absichten Ihre Handlungen?

DIE KRAFT DER STILLE

Seit jeher wissen die Menschen um die Kraft der Stille, und doch **ist unsere Welt geräuschintensiver denn je** – viele haben permanent Kopfhörer auf oder in den Ohren, und über E-Mails, das Internet und Telefone stehen wir unablässig mit der Welt im Austausch. **Diese technischen Errungenschaften** haben sicherlich ihre Vorteile, und doch **dienen sie oftmals der Zerstreuung, halten uns davon ab, einfach nur bei uns zu sein. Zu schweigen** und uns der Ablenkung zu entziehen, kann befreiend sein; es **befreit uns von der Notwendigkeit, bestimmten Rollenerwartungen zu genügen. Schweigen erlaubt uns, intensiver wahrzunehmen, was in unserem Innern und der uns umgebenden Welt geschieht.** Unsere Sinne sind geschärft und unser Erfahren ist präziser, detailreicher und intensiver.

Probieren Sie Folgendes:

Schweigen mag für manche Menschen etwas Beängstigendes haben; zudem kann es sein, dass es zu Hause nicht praktikabel ist, sodass man sich vielleicht an einen Ort der inneren Einkehr begeben muss. Es ist jedoch möglich, bei kurzen Tätigkeiten zu schweigen, etwa beim Einnehmen einer Mahlzeit oder beim Spaziergang. Sie können bewusst alle Geräte ausschalten, Computer, Handy, MP3-Player … Experimentieren Sie und beginnen Sie mit einer kurzen Zeitspanne, von der Sie glauben, sie bewältigen zu können, und wenn möglich, dehnen Sie sie aus.

WEGE IN DIE STILLE

∗ Nicht sprechen (wobei Sie mit einer Person, die nicht weiß, dass Sie gerade schweigen wollen, die notwendigen Worte austauschen sollten).

∗ Nicht lesen, keine Musik oder Radio hören, nicht fernsehen.

∗ Manchmal wird auch geraten, Blickkontakt zu vermeiden – dies kann beim Gegenüber heftige Gefühle auslösen. Keinen Blickkontakt zu haben, entledigt uns einer weiteren Kommunikationsmöglichkeit.

∗ Auch vom Schreiben wird zuweilen abgeraten, doch da uns das Schweigen eine Fülle von kreativen Möglichkeiten bietet, ist das eine ganz persönliche Entscheidung.

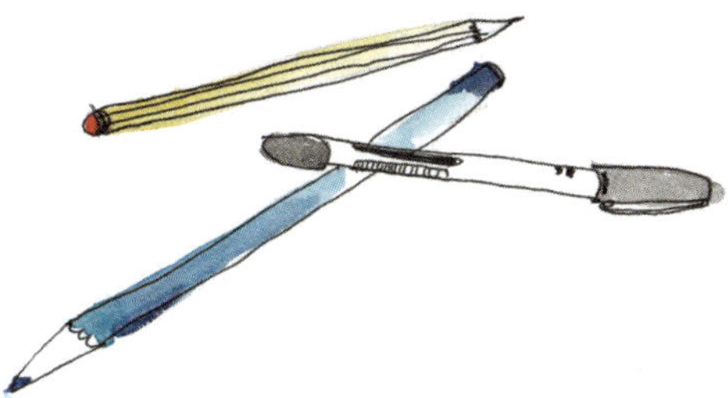

Routinetätigkeiten wie Kochen, Putzen, Gartenarbeit, Laufen und so weiter lassen sich wunderbar schweigend verrichten. Man kann natürlich auch formale Meditationsübungen durchführen. **Wenn wir schweigen, gehört alles, was wir tun, zu einer einzigen, zusammenhängenden Übung.**

Beim Schweigen haben wir Gelegenheit zu erleben, wie sich unsere „Wetterlage" von einem Augenblick zum nächsten verändert. **Wenn wir still sind, werden wir uns dessen bewusst, wie verzweifelt es uns nach Reizen verlangt,** und vertiefen uns beispielsweise in das Etikett auf dem Marmeladenglas. **Vielleicht führen wir alles langsamer aus,** da wir nicht mehr zur nächsten Sache hetzen, oder bekommen einen Anfall von Rastlosigkeit, da wir die Stille nicht ertragen. **Wir nehmen intensiver wahr,** die Farben auf unserem Teller und die feinen Aromen, die uns sonst gar nicht auffallen; auch unser Geruchssinn ist geschärft, sodass wir verstärkt darauf achten, was wir essen. **Wir werden uns des alten Gerümpels bewusst, das unseren Geist erfüllt,** der Gedanken, die uns Stunde um Stunde umkreisen. **Mehrere Stunden in Schweigen zu verbringen, ist nicht immer leicht oder angenehm, aber von unschätzbarem Wert.**

Passen Sie auf, wenn Sie nach einer längeren Zeit des Schweigens (ein Tag oder mehr) **wieder in die Geräuschkulisse des Alltags zurückkehren.** Seien Sie vorsichtig beim Ausführen von Tätigkeiten wie dem Lenken eines Fahrzeugs, bei denen Ihre Sicherheit von Ihrem Reaktionsvermögen abhängt – das kann anfänglich beeinträchtigt sein.

Kapitel 6

VOM UMGANG MIT SCHWIERIGEM

Achtsamkeit kann uns dabei helfen, mit schwierigen Emotionen besser klarzukommen. **Doch bevor wir versuchen, all unsere Probleme mit Achtsamkeit zu lösen, ist es wichtig, ein paar grundlegende Fertigkeiten zu entwickeln,** wie regelmäßig zum Atem zurückzukommen (siehe Seite 146–49) und sich mit dem Körper in Einklang zu bringen (siehe Kapitel 2).

Zweck der Übung ist es zu trainieren, mit schwierigen Emotionen und Gedanken umzugehen. Wenn wir uns dessen bewusst werden, was im Körper vor sich geht, und wir die Bereitschaft haben, Unangenehmes zu erfahren, können wir feststellen, wie es sich verändert und vielleicht sogar verschwindet. **Allein die Tatsache, dass Sie auf Ihre Erfahrung neugierig sind, versetzt Sie augenblicklich in die Position eines Beobachters,** was bedeutet, dass Sie sich weniger in der Emotion verfangen.

Gehen Sie in kleinen Schritten vor, um zu verhindern, dass Sie von Gefühlen überwältigt werden. Versuchen Sie sich zunächst an den kleineren Ärgernissen des Lebens. Manchmal ist es am Klügsten, nichts zu tun, und zu warten, bis Ort und Zeit es zulassen, dass Sie sich beim Üben sicher fühlen.

Denken Sie daran, dass der Atem stets Ihr sicherer Ort ist. Falls Sie sich damit unwohl fühlen, sich auf den Atem zu konzentrieren, können Sie Ihre Aufmerksamkeit jederzeit auch auf die Füße richten (siehe Seite 188–89).

DASITZEN UND MIT DEM ATEM BEWEGEN

Die Achtsamkeit des Atmens ist eine der Grundübungen. Ich empfehle Ihnen, sie als informelle Übung (siehe Seite 150–51) sowie hin und wieder etwas längere, eher formale Sitzübungen (siehe Seite 44–45 und 146–49) durchzuführen.

Wenn wir besorgt sind, kann es schwierig sein, still zu sitzen. Unser Geist ist unstet und die Gedanken kreisen. **Wenn Ihnen das Stillsitzen schwerfällt, können Sie etwas Bewegung in Ihr Sitzen integrieren.** Sie können dies entweder ein paar Minuten lang zu Beginn der Übung machen, und sobald Sie etwas ruhiger sind, wieder damit aufhören, oder einfach die ganze Übung hindurch.

Bis auf eine kleine Bewegung der Hände ist die Übung dieselbe wie die der Achtsamkeit des Atmens (siehe Seite 44–45). Sie ist eine Abwandlung einer im Stehen ausgeführten Übung aus dem Qigong. **Wenn Sie Bewegungsübungen mögen, empfehle ich Ihnen, sich einmal mit Qigong zu befassen.** Bevor Sie nun mit der Übung beginnen, sollten Sie sich die Anleitung zum Atmen auf den Seiten 44–45 noch einmal durchlesen.

Probieren Sie Folgendes:

Nehmen Sie eine bequeme Sitzposition ein (siehe Seite 38–41), die Hände im Schoß, die Handflächen zeigen nach oben. Die Augen können offen oder geschlossen sein.

Richten Sie Ihre Aufmerksamkeit auf den Teil Ihres Körpers, an dem Sie den Atem am stärksten fühlen – das können Bauch oder Brust sein, aber auch der Bereich um Nasenlöcher und Lippen. Beginnen Sie damit, den Atem wahrzunehmen – werden Sie sich Ihres Atems bewusst, wie er jetzt im Moment ist … stellen Sie seine Merkmale und Besonderheiten fest, ohne ihn verändern zu wollen.

Beim Einatmen heben Sie die Hände in einer fließenden Bewegung empor, die Handflächen nach oben gerichtet, für die Dauer des Einatmens … Beim Ausatmen drehen Sie die Hände herum, sodass die Handflächen nach unten zeigen, und lassen sie wieder in Ihren Schoß gleiten.

Fahren Sie damit fort, die Hände im Rhythmus des Atems zu bewegen, Einatmen … Hände emporheben, Ausatmen … Hände wieder senken.

Wann immer Sie bemerken, dass Ihr Geist abschweift (was geschehen wird), kehren Sie zum Atem zurück und nehmen Sie die Bewegung der Hände wieder auf.

SEIEN SIE SICH SELBST UND DEM, WAS SIE TUN, GEGENÜBER WÄHREND DER ÜBUNG VOLLER GÜTE UND MITGEFÜHL.

ROT HEISST STOPP

Wie oft sind Sie schon auf eine Ampel zugefahren, als sie gerade auf Rot umgesprungen ist? **Zuweilen kommt es uns vor, als seien nicht nur die Ampeln, sondern die ganze Welt gegen uns** – vor allem, wenn wir es eilig haben. Wir nehmen es persönlich: „Die Ampel hat mich kommen sehen und ist auf Rot umgesprungen" – kommt Ihnen das irgendwie bekannt vor?

Wir sind gereizt, werden womöglich wütend. **Vielleicht erzählen wir uns immer wieder dieselbe Geschichte nach dem Motto: „Das muss immer mir passieren".** Wir umklammern das Lenkrad, bekommen feuchte Hände, vielleicht trommeln wir auch ungeduldig mit den Fingern herum, in der Hoffnung, die Sache damit etwas zu beschleunigen … fangen an, vor uns hin zu murren, oder schnauzen vielleicht sogar unsere Mitfahrer an. Wir ziehen schnell auf eine andere Spur, um ein oder zwei Sekunden Zeit zu gewinnen, wenn die Ampel wieder grün wird …

Doch wie auch immer wir reagieren: **Wenn wir unseren Führerschein behalten wollen, müssen wir bei Rot anhalten,** ohne Wenn und Aber. Wegen etwas, das wir nicht ändern können, genervt und angespannt zu sein, hat Auswirkungen:

Das rote Licht kann uns zu Aufmerksamkeit für unsere Erfahrung auffordern

* Unser Kampf- oder Flucht-Mechanismus wird in höchster Alarmbereitschaft gehalten, was unserer Gesundheit abträglich ist (siehe Seite 20–24).
* Es wirkt sich negativ auf unsere Emotionen aus.
* Unsere Stimmung beeinflusst, wie wir mit anderen interagieren und wie wir Ereignisse interpretieren.
* Aber vielleicht gibt es ja eine Alternative: Wir könnten das rote Licht auch als Gelegenheit sehen, nicht als Hemmnis.

Probieren Sie Folgendes:

Beobachten Sie, was in Ihnen vorgeht, wenn die Ampel von Gelb auf Rot springt … Schenken Sie Ihrem Erfahren Beachtung, nehmen Sie wahr …

Welche Gedanken tauchen auf?

Welche Emotionen haben Sie?

Welche physischen Empfindungen sind da? Nehmen Sie alle Empfindungen wahr, die im Körper entstehen, insbesondere die Berührungspunkte mit dem Lenkrad … Wie fühlen sich Ihre Schultern an? Ihr Nacken?

MERKE

Wir versuchen nicht, unsere Erfahrung zu verändern, sondern einfach bloß wahrzunehmen, was sie ist und was mit ihr geschieht, von Augenblick zu Augenblick. **Empfindungen sind oft unterschwellig.** Vielleicht merken oder fühlen Sie ja auch gar nichts, und das ist in Ordnung so. Wichtig ist, dass Sie die Absicht haben, sich der Erfahrung zuzuwenden. Wann immer Ihr Geist abschweift, **kehren Sie mit Ihrer Aufmerksamkeit einfach immer wieder zum Körper zurück;** vielleicht nehmen Sie das Heben und Senken der Brust beim Atmen wahr, wie sich der Brustkorb ausdehnt und wieder zusammenzieht, spüren das Gewicht Ihrer Füße auf dem Boden, Ihre Hände am Steuer, Ihren Körper im Sitz … **Wie er einfach nur sitzt.**

Erinnern Sie sich daran, dass Sie in diesem Augenblick nirgends hinmüssen … **Seien Sie einfach präsent.** Üben Sie, solange die Ampel rot ist.

Später denken Sie darüber nach, was Sie wahrgenommen haben.

HERAUSFORDERUNGEN IM BUS

Ich saß bei brütender Hitze im Bus, und mein Unbehagen wurde durch die schweren Taschen auf meinem Schoß noch verstärkt. Ein ziemlich korpulenter Herr stieg zu und setzte sich auf den Sitzplatz neben mir. Obwohl er mehr als seinen Sitzplatz benötigte und ein wenig von „meiner Seite" beanspruchte, war noch Platz zwischen uns – so lange, bis sich der Bus gefüllt hatte und er gezwungen war, sich weiter herüberzuschieben, um den Passagieren, die im Gang standen, Platz zu machen. Als er heiß und klebrig gegen mich gedrückt wurde, entfuhr mir ganz automatisch ein *Tse-tse-tse*. Als ich spürte, wie er zurückwich, entschuldigten wir beide uns. Ich wusste, dass es nicht nur seine Schuld war, und dass

Wenn wir unser Verhältnis

mein Unbehagen genauso dem Gewicht meiner Taschen und der Sonne geschuldet war, die durchs Fenster knallte. Ich erklärte ihm dies und entschuldigte mich, und kurz darauf plauderten wir darüber, wie unangenehm doch diese Hitze war.

In der Situation hatte ich mich bereits unwohl gefühlt, und mein Mitreisender war nur der sprichwörtliche letzte Tropfen … Mein *Tse-tse-tse* entwich mir, ohne dass ich darüber nachgedacht hatte, doch im selben Moment nahm ich wahr, wie beschämend das für meinen Sitznachbarn geklungen haben musste. **Bezüglich meiner Reaktion konnte ich nichts tun, aber ich konnte mir aussuchen, wie ich weiter damit umging** – indem ich mich also entschuldigte und es ihm erklärte. Das machte die Kränkung zwar nicht wett, aber ich hoffe, sie zumindest etwas abgemildert zu haben.

Wenn Sie mit öffentlichen Verkehrsmitteln pendeln, werden Sie wissen, wie häufig man sich in schwierigen Situationen mit Mitreisenden wiederfindet. Wie oft kommen wir wegen ähnlicher Interaktionen entnervt und schlecht gelaunt am Arbeitsplatz an. Aber wir können es auch anders machen – wir können das Busfahren in eine Gelegenheit zum Üben verwandeln.

…er Erfahrung ändern können, kann sie aufhören, uns zu belasten.

Probieren Sie Folgendes:

Wenn Sie das nächste Mal in Bus und Bahn gestresst sind, versuchen Sie es mit einer der folgenden Übungen:

1. Lenken Sie Ihre Aufmerksamkeit in Ihren Körper hinein und nehmen Sie wahr, wie er reagiert. Was widerstrebt Ihnen? Nehmen Sie wahr, ob Sie sich anspannen, verkrampfen oder zurückweichen. Sobald Sie Ihrer Erfahrung gewahr werden, können Sie wählen, wie Sie damit umgehen möchten. Sie können Ihre Aufmerksamkeit auf den Bereich lenken, in dem die Anspannung sitzt, und ihn weiter erkunden. Sie können die Aufmerksamkeit aber auch auf den Atem richten und ihn als Anker nutzen; verweilen Sie jeweils für die Dauer eines Atemzugs beim Ein- und Ausatmen. Alternativ können Sie den Atem noch in den Teil Ihres Körpers leiten, in dem Sie die Anspannung fühlen, und durch diesen bestimmten Bereich ein- und ausatmen.

2. Wir haben oft eine feste Vorstellung davon, wie sich etwas entwickeln sollte, und sind enttäuscht, wenn jemand den Ablauf stört. Dies wirkt sich wiederum darauf aus, wie wir in der Folge miteinander interagieren. Ohne festgefügte Erwartungen bleiben wir dem möglichen Ausgang gegenüber offen. Wenn Sie z. B. erwarten, im Bus oder Zug einen Sitzplatz zu bekommen, und dann feststellen, dass alle besetzt sind, werden Sie sich betrogen fühlen. Schaffen Sie es hingegen, sich von Ihrer Erwartungshaltung freizumachen und einfach der Möglichkeit gegenüber offen zu bleiben, dass ein Sitzplatz für Sie frei sein könnte, wird es zu einer Dreingabe, einen zu finden. Es können sich auch Chancen eröffnen, wenn man sich von Erwartungen

freimacht – vielleicht sehen Sie etwas Interessantes oder lesen über jemandes Schulter hinweg eine Stellenanzeige … es gibt endlose Möglichkeiten.

3. Für gewöhnlich sind wir noch mehr gestresst, wenn wir uns unserer Entscheidungsmöglichkeiten beraubt sehen. Greifen wir das obige Sitzplatzszenario noch einmal auf: Wenn wir schnurstracks einen freien Platz ansteuern und sich jemand vordrängelt und ihn uns wegnimmt, ärgern wir uns in der Regel darüber (genauso wie bei der eben noch freien Parklücke …). Ich habe jedoch festgestellt, dass ich mich, wenn ich die bewusste Entscheidung treffe, aus dem „Wettkampf" auszusteigen und den Sitzplatz einer anderen Person anbiete, nicht länger ungerecht behandelt fühle. Ich stehe zwar immer noch, aber ich stehe nicht mehr mit einer Wolke aus Ärger da, die über mir schwebt. Wenn es mir gelingt, die Situation auf andere Weise wahrzunehmen, und es mir egal ist, ob ich einen Platz bekomme, wird sie in meinem Körper keine Stressreaktion mehr auslösen.

4. Viele von uns fühlen sich permanent unter Zeitdruck – wir müssen dann und dann im Büro sein, und sollten wir das nicht schaffen, ist das eine „Katastrophe". Wir müssen genau diese U-Bahn bekommen, statt fünf Minuten auf die nächste zu warten. Also zwängen wir uns hinein, müssen stehen und kommen gestresst am Arbeitsplatz an. Wenn Sie nun diesen Zug abfahren ließen und auf den nächsten oder übernächsten warteten? Wäre es nicht ein besserer Start in den Tag, wenn Sie etwas später ankämen, dafür aber deutlich entspannter? Es ist Ihre Entscheidung.

STOSSSTANGE AN STOSSSTANGE

Das Schöne an der Achtsamkeitsmeditation ist, dass das Leben immer eine Fülle von Gelegenheiten zum Üben bietet. Dies ist eine Übung, die man im Auto durchführen kann, etwa wenn man im Stau steckt. Der Vorgang ist ähnlich wie der auf den Seiten 178–81 beschriebene, aber wahrscheinlich dauert die Übung länger.

Man kann sie überall durchführen, wo man warten muss, im Supermarkt an der Kasse, am Bankschalter etc. **Versuchen Sie, jedes solcher Ärgernisse in eine Gelegenheit zum Praktizieren von Achtsamkeit zu verwandeln.** Indem Sie üben, mit den kleinen Widrigkeiten des Alltags „zu sein", üben Sie, sich ihnen zuzuwenden und neugierig auf Erfahrungen zu sein, die vielleicht stressig sind, uns aber nicht überfordern werden.

Probieren Sie Folgendes:

Versuchen Sie, in Ihrer Erfahrung gänzlich präsent zu sein, so sehr Sie sich auch wünschen mögen, sie sei anders.

Erkunden Sie, wie es ist, sich der Erfahrung zuzuwenden – stellen Sie zuerst fest, welche Gedanken aufkommen, verzeichnen Sie sie als Gedanken ... Werden Sie sich dann jeglicher Emotionen bewusst, selbst wenn sie Ihnen unangemessen erscheinen, und benennen Sie sie (siehe Seite 190–91), beispielsweise mit „da ist Ärger". Falls Sie bemerken, wie in Bezug auf die Emotionen Wertungen in Ihnen aufkommen, vermerken Sie einfach: „werten".

Richten Sie dann Ihre Aufmerksamkeit auf den Körper. Was stellen Sie dort fest? Entwickeln Sie Interesse daran, wie Ihr Körper auf die Erfahrung reagiert. Welche Empfindungen haben Sie? Wie würden Sie sie beschreiben? Wo sitzen die Empfindungen? Bleiben sie an einer Stelle oder wandern sie umher?

Fahren Sie damit fort, die Erfahrung zu erkunden, entwickeln Sie Interesse an ihr. Während Sie in Ihrem Auto festsitzen, können Sie ohnehin nicht viel anderes tun, als etwas mehr über sie herauszufinden ... Anschließend durchdenken Sie, was Sie dabei wahrgenommen haben, Achtsamkeit im Stau zu praktizieren.

GEERDET BLEIBEN

Wenn man das Gefühl hat, dass gerade alles nur noch schwierig ist, kann es leicht vorkommen, dass man von Emotionen überwältigt wird. **Unsere Gedanken können uns schnell in einen Zustand der Angst hineinkatapultieren.** In aller Regel ist es dann empfehlenswert, sich dem Atem zuzuwenden, was aber leichter gesagt als getan sein kann. **Wenn wir in Panik geraten, ist häufig auch das Atmen betroffen,** und vermutlich ist es dann zu viel verlangt, sich dem Atem zuzuwenden. **Die Alternative ist einfach, und kann ebenfalls dazu führen, sich in den Körper hineinzufühlen.** Sie können diese Übung überall durchführen, ohne dass jemand bemerkt, was Sie da tun.

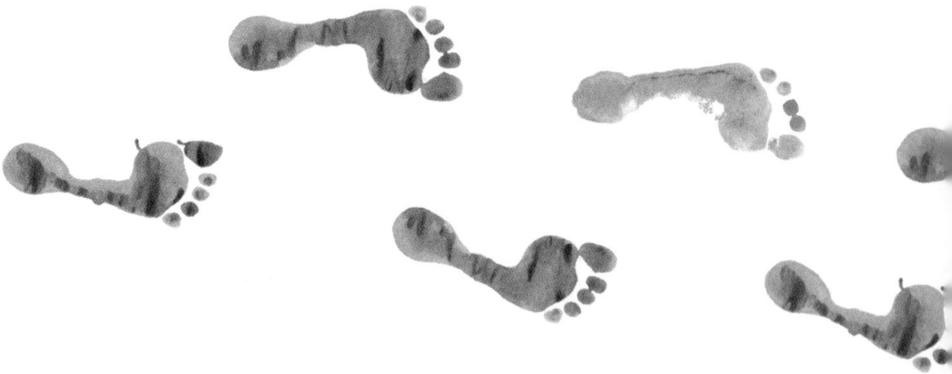

Probieren Sie Folgendes:

Ob Sie nun stehen oder sitzen – lenken Sie Ihre Aufmerksamkeit zu Ihren Füßen. Werden Sie sich ihrer bewusst, wie sie da auf dem Boden stehen. Nehmen Sie die Empfindungen wahr, die Sie haben, wenn die Füße den Boden berühren, vielleicht spüren Sie die Berührung, Wärme, Kälte … Werden Sie sich dessen bewusst, dass die Füße den Boden berühren.

Jedes Mal, wenn Ihre Gedanken in die Vergangenheit oder Zukunft abdriften, geleiten Sie Ihre Aufmerksamkeit einfach wieder zurück zu Ihren Füßen. Sie können das immer wieder tun.

Wenn Sie möchten, können Sie Ihre Wahrnehmung nach ein paar Minuten von den Füßen auf den Atem ausdehnen. Beim Einatmen stellen Sie sich vor, Sie würden durch die Füße atmen … wie Sie den ganzen Körper mit Luft füllen … mit Sauerstoff … und dann atmen Sie wieder durch die Füße aus, lassen die Luft entweichen.

Fahren Sie damit fort, atmen Sie tief durch die Füße ein … atmen Sie durch die Füße aus … so lange Sie möchten … und wann immer Ihre Aufmerksamkeit abschweift, holen Sie sie zu den Füßen zurück.

DEN DÄMONEN NAMEN GEBEN

Zu den traditionellen buddhistischen Praktiken gehört es, jegliche Emotionen, die während einer Übung auftauchen, zu benennen, indem man z.B. schweigend feststellt: „Da ist Eifersucht". **Die Emotion auf diese Weise zu benennen, vergegenständlicht sie.** Statt „eifersüchtig zu sein", was darauf hinweist, dass man in dieser Emotion gefangen ist, **wird man, indem man ihr einen Namen gibt, zu einem Beobachter,** und nimmt eine dementsprechende Perspektive ein. Die Forschung hat gezeigt, dass allein der Akt des Benennens einer Emotion eine Gehirnregion aktiviert, die an der Selbstregulierung beteiligt ist. **Das bloße Benennen ist wichtiger als irgendwelche Schlüsse,** die wir im Nachhinein bezüglich dieser Emotion ziehen mögen. Wenn wir also das, was auftaucht, benennen, besänftigen wir diese Emotion aktiv – und nehmen zugleich die Haltung des Beobachters ein. Die folgende Übung

Probieren Sie Folgendes:

Wann immer Sie wahrnehmen, dass eine starke Emotion aufkommt, bestimmen und benennen Sie sie – sagen Sie beispielsweise „da ist Traurigkeit“ oder wiederholen Sie leise „Traurigkeit, Traurigkeit, Traurigkeit“. Stellen Sie gleichzeitig fest, wie sich „Traurigkeit“ im Körper anfühlt. Manchmal entsteht mehr als nur eine einzige Emotion – Ärger mag z. B. die erste, stärkste sein, doch darunter liegt häufig Angst verborgen. Es kann also manchmal ganz hilfreich sein, einfach dazusitzen und wahrzunehmen, wie Emotionen kommen und gehen. Sie werden überrascht sein, was dabei alles hochkommt.

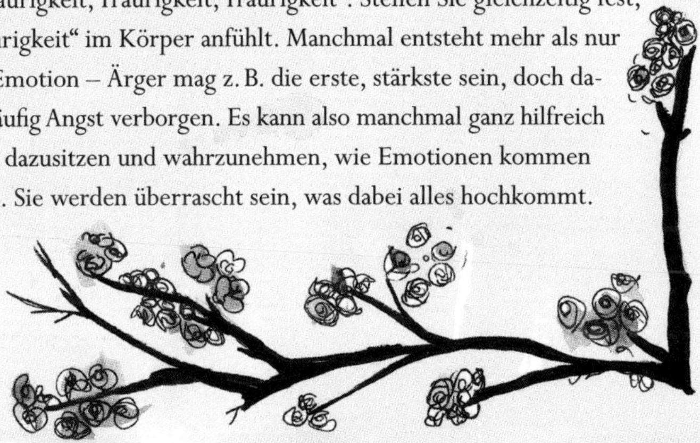

wird üblicherweise als Teil einer Sitzübung ausgeführt, doch Sie können Sie ebenso als informelle Übung in Ihren Alltag einbauen, sobald Sie merken, dass schwierige Emotionen aufkommen.

Wie stets sollte man bei all diesen Übungen daran denken, dass wir sie nicht machen, um schwierige Emotionen zum Verschwinden zu bringen. Wenn Sie mit einer solchen Absicht üben, werden Sie sehr wahrscheinlich enttäuscht sein – eines der Paradoxa der Meditation. **Wir üben, mit dem, was in uns aufkommt, „zu sein“.**

DAS SCHWIERIGE ANNEHMEN

Wenn wir eine chronische Erkrankung oder gesundheitliche Probleme haben, kann es sein, dass wir unser Selbstverständnis maßgeblich darüber definieren. Vielleicht sagen wir uns selbst: „Ich bin ein ängstlicher Mensch." Das hört sich sehr beständig und dauerhaft an. Es klingt so, als seien wir die ganze Zeit über so, auch wenn die Realität natürlich oft ganz anders aussieht. Angst oder Schmerz können kommen und gehen, und zwischendurch lange ausbleiben. **Ein Leiden ist etwas, das wie ein unerwünschter Freund oder Verwandter immer mal wieder auftaucht. Wir können versuchen, uns davon zu distanzieren, indem wir dem Leiden einen Namen geben** – am besten einen humorvollen.

Bei einer Bekannten von mir, Elise, wurde rheumatoide Arthritis diagnostiziert, eine schmerzhafte Erkrankung, die bisweilen sehr kräftezehrend ist. Elise nennt ihr Leiden „Herr Arthur Itis". Sie sagt dann Sachen wie: „Am Wochenende ist Arthur vorbeigekommen – wahnsinnige Schmerzen. Ich konnte nicht vor die Tür gehen." Damit hat sie eine Distanz zwischen sich und ihrer Erkrankung geschaffen. Sie will sie nicht haben, kann sie aber auch nicht davon abhalten, plötzlich hereinzuschneien; sie kann jedoch damit aufhören, sich über sie zu definieren. Sie ist nur ein Teil von ihr.

Fragen Sie sich: „Kann ich das wenigstens einen Atemz

Probieren Sie Folgendes:

Wenn Sie an einer Krankheit leiden oder unter einer Phobie, geben Sie ihr einen Namen. Für Angst und Schmerz könnten Sie beispielsweise „Herr Angst" oder „Anni Angsthase" und „Shirley Schmerz" benutzen. Welchen Namen auch immer Sie wählen: Benutzen Sie ihn immer, wenn das Problem auftaucht. Das wird es nicht zum Verschwinden bringen, kann aber verändern, wie Sie damit umgehen.

ng aushalten?" ... und halten es dann einen weiteren aus.

NUR EINEN ATEMZUG LANG

Ob man nun unter physischem oder emotionalem Schmerz leidet – die Vorstellung, ihn für eine beliebig lange Zeitdauer ertragen zu müssen, kann einem unerträglich vorkommen. **Bei der Achtsamkeit arbeiten wir beständig daran, im Umgang mit dem Schwierigen unsere „Grenzen auszuloten".**

Die „Grenzen ausloten" heißt aber nicht, sich mit zusammengebissenen Zähnen dazu zu zwingen, etwas auszuhalten – was in der Regel mit einem Gefühl des Widerstands und der Anspannung einhergeht –, sondern meint **ein vorsichtiges Erkunden der Grenzen. Experimentieren Sie damit herum, diesen Unterschied in einer Reihe von Szenarien herauszufinden.** Ich stelle mir oft vor, dass ich mich im Innern einer riesigen Plastikblase befinde, die sich zur Schwierigkeit hin und in sie hinein ausdehnt, sich dann aber wieder zurück- und zusammenzieht, während ich die ganze Zeit über sicher und geschützt in ihrem Innern bin.

Ein Großteil unseres Leidens, sei es nun physisch oder psychisch, wird von dem Gedanken verursacht, es für unbestimmte Zeit erdulden zu müssen. Wir

benutzen eine schwarzmalerische Sprache, wie in „Das bringt mich noch um" oder „Ich halte das nicht mehr aus".

Jon Kabat-Zinn empfiehlt, die Herangehensweise zu verändern und sich zu fragen, ob man es schafft, es zumindest für die Dauer eines Atemzuges zu ertragen. Letzten Endes ist der Schmerz nun mal da, und Sie können ihm nicht entgehen ... und wenn Sie den ersten Atemzug gemeistert haben, verweilen Sie noch einen Atemzug länger ... und so weiter.

Die einzige Anweisung ist die, **sich auf den jeweiligen Atemzug zu konzentrieren.** Verweilen Sie für die Dauer eines Atemzugs beim Einatmen und werden Sie des Übergangs zum Ausatmen gewahr; verweilen Sie dann bei diesem Ausatmen. **Darüber hinaus gibt es keine Erwartung.**

Jedes Mal, wenn Ihre Gedanken abschweifen (und das werden Sie wahrscheinlich), kehren Sie einfach zu Ihrer „Grenze" zurück und **öffnen Sie sich der Möglichkeit, noch einen Atemzug länger bei ihr zu verweilen.**

EIN SPAZIERGANG IM REGEN

Regen ist oft kalt und immer nass. **Wie reagieren Sie üblicherweise, wenn Sie in den Regen hinausmüssen?** Die meisten ziehen sich einen Regenmantel an, spannen den Regenschirm auf und wagen sich zögerlich hinaus, wappnen sich im wahrsten und im übertragenen Sinne des Wortes mit gesenktem Kopf gegen die Elemente. Weshalb versuchen Sie nicht mal etwas anderes, wenn es das nächste Mal regnet?

Probieren Sie Folgendes:

Lassen Sie die Regentropfen von Ihrem Gesicht abprallen, Ihr Haar durchweichen und Ihren Rücken hinabrinnen … Nehmen Sie die Reaktion Ihres Körpers wahr … vielleicht schreckt er zurück oder erfreut sich an der Kühle … werden Sie sich aller Gedanken und Emotionen bewusst, die aufkommen.

Nehmen Sie ihr Vorhandensein zur Kenntnis und lenken Sie die Aufmerksamkeit zurück zu Ihrem Körper. Tun Sie dies immer wieder … Nehmen Sie wahr, ob sich Muskeln verspannen … stellen Sie fest, wo die Anspannung sitzt und nehmen Sie sie zur Kenntnis …

Fühlen Sie die Empfindung auf der Haut, wenn Wasser sie berührt … schmecken Sie die Regentropfen auf Ihrer Zunge … öffnen Sie sich dem Geruch von Wasser und Nässe. Werden Sie der Temperatur gewahr … nehmen Sie wahr, ob es Sie zu der Erfahrung hinzieht oder ob Sie von ihr abgestoßen werden (und denken Sie daran: Wir haben keine bestimmten Erwartungen).

IM REGEN SEIN … WIE AUCH IMMER DAS SEIN MAG

SICH DER WEITEN WELT ÖFFNEN

Wenn wir Probleme haben und uns gänzlich auf sie fokussieren, wird unsere Welt klein und verengt sich, und auch unser Denken ist eingeengt. **Chronischer Stress hat negative Auswirkungen auf das Gehirn,** verhindert das Entstehen neuer neuronaler Verbindungen und hat sogar das Verkümmern und Absterben bestimmter Gehirnareale zur Folge. Wenn wir gestresst sind, ist es unwahrscheinlich, dass wir kreativ oder offen für neue Ideen sind, und wir fühlen uns womöglich überfordert. Uns mit der Weite der Welt zu verbinden, kann **dem Gefühl der Überforderung entgegenwirken und eine kleine Veränderung, einen Richtungswechsel ermöglichen.**

Probieren Sie Folgendes:

Wenn Sie sich überfordert fühlen, suchen Sie sich einen Ort im Freien, an dem Sie sich mit der Weite verbinden können. Sollten Sie sich in städtischer Umgebung befinden, versuchen Sie vielleicht, an einen höher gelegenen Ort zu gelangen, sodass Sie oberhalb der überfüllten Straßen sind, oder suchen sich ein grünes Fleckchen in einem Park. Oder Sie schauen einfach aus einem Fenster. Sind Sie auf dem Land oder am Meer, finden Sie möglicherweise ein weites, offenes Gelände mit freiem Blick über die Landschaft oder aufs Wasser.

Sitzen Sie einfach ruhig da und „öffnen Sie sich“ dem Gefühl von Weite.

Verbinden Sie sich mit dem Gefühl der Zeitlosigkeit: Dieser Berg hier, der schon Jahrtausende überdauert hat … oder diese Landschaft, die schon Zeuge der Sorgen und Nöte, aber auch der Freuden von Generationen von Menschen vor mir geworden ist … oder dieser ewig blaue Himmel, der nur gelegentlich von Wolken oder Regen verdunkelt wird.

SITZEN, SEHEN UND EMPFANGEN SIE EINFACH.

AUF TUCHFÜHLUNG MIT DEM SCHMERZ

Wenn ich unter Migräne leide, habe ich entsetzliche Schmerzen. Irgendwann wird es unerträglich, und mir bleibt nichts anderes übrig, als mich im Dunkeln hinzulegen. **Ich habe jedoch festgestellt, dass sich der Schmerz etwas lockert und abmildert, wenn ich ihm Aufmerksamkeit zolle.** Er ist immer noch da, aber die Gesichtsmuskeln entspannen sich spürbar. Wenn ich dem Schmerz Beachtung schenke, kann ich mich allmählich von den Empfindungen befreien. **Der Vorgang ähnelt dem Entwirren eines Strangs von ineinander verheddertem Stickgarn, bei dem man allmählich die verschiedenen Farben unterscheiden kann, wenn sich die Knoten lösen.** Ich kann die unterschiedlichen Rhythmen meiner Schmerzen und die Stellen bestimmen, an denen sie angesiedelt sind. Statt mich von dem Schmerz einhüllen zu lassen, beobachte ich ihn eher – als würde man auf einer Welle surfen und sich von ihr nicht herunterziehen lassen.

Probieren Sie Folgendes:

Schmerzen zu erdulden ist eine Herausforderung; daher ist es sinnvoll, vergleichsweise kleine Probleme wie Kopf- oder Magenschmerzen oder einen angestoßenen Zeh als Anlass zum Üben zu nehmen.

Lenken Sie Ihre Aufmerksamkeit auf die schmerzende Stelle. Achten Sie auf das, was geschieht. Obwohl wir nicht bewusst darauf abzielen, den Bereich um den Schmerz herum zu entspannen, genügt es häufig bereits, sich auf ihn zu konzentrieren, um eine Veränderung zu bewirken. Versuchen Sie, mit dem Schmerz auf Tuchfühlung zu gehen. Was stellen Sie fest? Wenn nötig, können Sie jederzeit auf den Atem als Ihren Ankerpunkt zurückgreifen. Es gibt keinen Preis für Durchhaltevermögen.

Achten Sie auf die Gedanken, die in Ihrem Kopf kreisen. Nehmen Sie bestimmte Emotionen wahr? Welche Geschichten erzählen Sie sich selbst über die Erfahrung? Verstärken Sie den physischen Schmerz durch emotionalen? Sind Ihre Gedanken hilfreich oder nicht? Sie können den Kreislauf des Grübelns durchbrechen, indem Sie die Aufmerksamkeit auf Ihren Körper lenken – zu dem Schmerz selbst, zum Atem oder zu physischen Empfindungen, wie sie durch den Kontakt mit der Fläche entstehen, auf der Sie sitzen oder liegen.

Erwarten Sie nicht, dass der Schmerz einfach verschwindet, weil Sie ihm Aufmerksamkeit schenken. Das wird er nicht, aber auf etwas zu achten, ist das Gegenteil davon, ihm aus dem Weg zu gehen; es ist also der erste Schritt in Richtung Akzeptanz. Nur durch ein Akzeptieren können wir die Beziehung zum Schmerz verändern.

MIT DEM UNANGENEHMEN SEIN

Bei der Achtsamkeit geht es darum, unsere Aufmerksamkeit auf alles zu richten, was aufkommt – einschließlich des Unangenehmen –, selbst wenn uns dies widersinnig erscheinen mag. **Wir können nicht erwarten, schwierige Gefühle ganz plötzlich ertragen zu können** – es geht nicht darum, die Zähne zusammenzubeißen. **Wir nehmen vielmehr eine Haltung der Neugier, des Interesses ein und versuchen, mehr darüber herauszufinden, was „schwierig" für uns bedeutet.** Und dazu beginnen wir mit den kleineren Ärgernissen und unangenehmen Erfahrungen des Alltags.

Probieren Sie Folgendes:

Nehmen Sie sich vor, sich aller unangenehmen Ereignisse, die Ihnen heute widerfahren, bewusst zu werden. Es geht darum, auf die kleinen Dinge zu achten, z. B. wie es sich anfühlt, wenn sich jemand in der Schlange vordrängelt.

Stellen Sie fest, was es ist, das Sie als „unangenehm" einstufen. Woher wissen Sie, dass es Ihnen unangenehm ist? Was fühlen Sie und wo? Welche Gedanken kommen auf? Welche Emotionen sind da – vielleicht ist es ja mehr als nur eine.

Seien Sie neugierig darauf, was Sie in Rage bringt, und nehmen wahr, welche Wirkung es auf Sie hat: auf Ihren Körper, Ihre Gedanken und Ihre Stimmung.

Beachten Sie auch, wie es das beeinflusst, was als Nächstes kommt. Wie interagieren Sie nach diesem Ereignis mit anderen Menschen?

Wie stets tun wir dies alles mit dem Geist des Mitgefühls und der Güte uns selbst gegenüber. Wir reagieren alle auf unangenehme Erfahrungen, und bei dieser Übung geht es darum, solche Erfahrungen als Gelegenheiten zu nutzen, mehr darüber herauszufinden, was für uns schwierig ist. Indem wir mit den kleinen Dingen üben, gewöhnen wir uns daran, uns dem Unangenehmen zuzuwenden – wir trainieren unsere Achtsamkeit speziell in Bezug auf das Schwierige. Dies wird uns zugute kommen, wann immer wir mit größeren Schwierigkeiten zu tun haben wie Krankheit, dem Verlust des Arbeitsplatzes oder der Trauer um eine geliebte Person.

Es kann hilfreich sein, am Ende des Tages auf ihn zurückzuschauen und vielleicht zwei oder drei „unangenehme" Ereignisse zu notieren, zu verzeichnen, was Sie physisch dabei empfunden haben, welche Gedanken und Emotionen Sie festgestellt haben und wie Sie sich jetzt fühlen, wenn Sie darauf zurückblicken. Gibt es irgendetwas, das Sie überrascht, wenn Sie darüber nachdenken? Sie können diese Übung ein paar Tage in Folge machen und sie dann vielleicht alle paar Monate wiederholen. Eventuell möchten Sie auch die Begleitübung „Das Gute sehen" einmal ausprobieren (siehe Seite 105–06).

WOHIN ALS NÄCHSTES?

Wenn Sie die Übungen in diesem Buch hilfreich fanden, möchten Sie Ihre Praxis vielleicht durch weiterführende Literatur vertiefen, einen Kurs besuchen oder einer Meditationsgruppe beitreten. Es kann schwierig sein, immer für sich allein und abgekapselt zu üben. Wenn Sie sich eine tägliche Praxis angewöhnen möchten, besuchen Sie am besten einen Kurs. Unter Anleitung eines Lehrers mit anderen gemeinsam zu lernen und die Erfahrungen zu teilen, kann sehr bereichernd sein. Wenn Sie nach Gruppen in Ihrer Nähe suchen möchten, suchen Sie unter MBSR (Achtsamkeitsbasierte Stressreduktion/Mindfulness-Based Stress Reduction), MBCT (Achtsamkeitsbasierte Kognitive Therapie/Mindfulness-Based Cognitive Therapy) und/oder nach Vipassana beziehungsweise Einsichtsmeditation. MBSR und MBCT haben keinen religiösen Bezug, Vipassana gehört zur buddhistischen Tradition, wobei die verschiedenen Meditationsgruppen oft mit einem bestimmten buddhistischen Orden in Verbindung stehen.

Es gibt viele Bücher über Techniken der Achtsamkeitsmeditation, über Achtsamkeit bei bestimmten Problemstellungen wie Krebs, Angst- oder Essstörungen und so weiter, sowie über verschiedene Formen der buddhistischen Meditation. Auf Seite 207 habe ich einige Titel aufgelistet. Viele der genannten Autoren haben noch weitere gute Bücher zum Thema veröffentlicht. Außerdem habe ich noch einige andere Autoren angeführt, die für Sie von Interesse sein könnten. Es gibt auch zahlreiche Hörbücher mit angeleiteten Meditationen, die recht hilfreich sein können.

HILFREICHE WEBSITES

www.mindfulnesstapes.com Die Website von Jon Kabat-Zinn; hier können Sie u.a. Bücher und CDs kaufen.

https://www.mbsr-verband.de Der MBSR-MBCT-Verband ist ein Zusammenschluss von Achtsamkeitslehrenden; allgemeine Informationen; Seminare und Kurse, auch für Lehrende; Achtsamkeit am Arbeitsplatz, im Bildungs- und Gesundheitswesen; Infos zur Forschung; weiterführende Literatur.

https://dfme-achtsamkeit.de Webseite des Deutschen Fachzentrums für Achtsamkeit; allgemeine Informationen, Online-Kurse, breites Kurs- und Seminarangebot für Lernende und Lehrende.

https://www.sinnsucher.de Portal der Verlagsgruppe Random House; Videos, Blogs, Online-Kurse, Kursangebote.

https://aok-erleben.de – **https://www.tk.de** – **https://www.barmer.de** – **https://www.dak.de** Die größten deutschen gesetzlichen Krankenkassen informieren auf ihren Webseiten u. a. über Kursangebote und Kostenübernahmen.

https://www.7mind.de Bietet eine kostenlose App für Achtsamkeitsmeditationen.

www.soundstrue.com Audio- und Videotitel, Downloads.

www.spiritrock.org Das Spirit Rock Meditation Center widmet sich den Lehren des Buddha in der Vipassana-Tradition.

LITERATUR

Burch, Vidyamala *Gut leben trotz Schmerz und Krankheit. Der achtsame Weg, sich vom Leid zu befreien,* München 2009

Kabat-Zinn, Jon *Gesund durch Meditation. Das vollständige Grundlagenwerk zu MBSR,* München 2011

Ders.: *Im Alltag Ruhe finden. Meditationen für ein gelassenes Leben,* München 2015

Kabat-Zinn, Jon und Myla *Mit Kindern wachsen. Die Praxis der Achtsamkeit in der Familie,* Freiburg i. Br. 2015

Kabat-Zinn, Jon; Teasdale, John; Segal, Zindel; Williams, Mark *Der achtsame Weg durch die Depression,* Freiburg i. Br. 2009

Kornfield, Jack *Frag den Buddha – und geh den Weg des Herzens. Was uns bei der spirituellen Suche unterstützt,* München 2017

Ders.: *Das weise Herz: Die universellen Prinzipien buddhistischer Psychologie,* München 2008

Williams, Mark; Penman, Danny *Das Achtsamkeitstraining: 20 Minuten täglich, die Ihr Leben verändern,* München 2015

Darüberhinaus empfehle ich die Bücher von Pema Chodron, Joseph Goldstein, Thich Nhat Hahn und Sharon Salzberg.

DANKSAGUNG

Alles, was ich über Achtsamkeit gelernt habe, kam von Lehrern – entweder von Angesicht zu Angesicht oder durch ihre Bücher und Audio-CDs – sowie von meinen Schülern und meinen Kollegen, insbesondere von Catherine Grey, die mich als Freundin und Kollegin unterstützte und mir so vieles beibrachte.

Mein besonderer Dank gilt den Lehrern des Masterprogramms am Centre for Mindfulness Research and Practice in Nordwales: Trish Bartley, Becca Crane, David Elias, Jody Mardula und insbesondere Eluned Gold für ihre Unterstützung und Beratung als meine Supervisorin sowie an die Lehrer des Center for Mindfulness in Massachusetts, USA, insbesondere Melissa Blacker und Pamela Erdmann sowie an David Rynick von Boundless Way Zen.

Ebenso danken möchte ich den vielen wunderbaren Lehrern von London Insight.

Mein Dank gilt auch dem Team von Cico Books, insbesondere Dawn Bates, Sally Powell, Cindy Richards und Gordana Simakovic sowie Amy Louise Evans für ihre Illustrationen.

Mein besonderer Dank gilt Scott und meiner Familie, die immer für mich da waren, und Elise Dillsworth, die mir erlaubt hat, ihre Geschichte zu erzählen.